I0191749

# PETITE
# GÉOGRAPHIE
## MODERNE

### A L'USAGE DES ÉCOLES PRIMAIRES

## PAR F. ANSART

Ancien professeur d'histoire et de géographie au lycée Saint-Louis

### OUVRAGE AUTORISÉ

PAR LE CONSEIL DE L'INSTRUCTION PUBLIQUE

TRENTE-QUATRIÈME ÉDITION, REVUE ET CORRIGÉE

### Par E. ANSART fils

Ancien professeur d'histoire et de géographie

Et contenant trente vignettes intercalées dans le texte

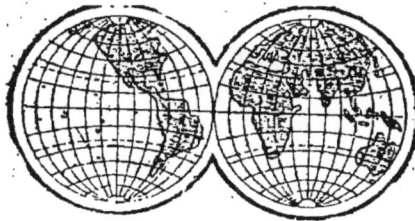

# PARIS
## LIBRAIRIE HACHETTE ET C<sup>ie</sup>

BOULEVARD SAINT-GERMAIN, 79

1871

G

18692

PETITE

# GÉOGRAPHIE

## MODERNE

PARIS. — TYPOGRAPHIE LAHURE
Rue de Fleurus, 9

# PETITE
# GÉOGRAPHIE
## MODERNE
## A L'USAGE DES ÉCOLES PRIMAIRES

### PAR F. ANSART

Ancien professeur d'histoire et de géographie au lycée Saint-Louis

### OUVRAGE AUTORISÉ
PAR LE CONSEIL DE L'INSTRUCTION PUBLIQUE

TRENTE·QUATRIÈME ÉDITION, REVUE ET CORRIGÉE

### Par E. ANSART fils
Ancien professeur d'histoire et de géographie

Et contenant trente vignettes intercalées dans le texte

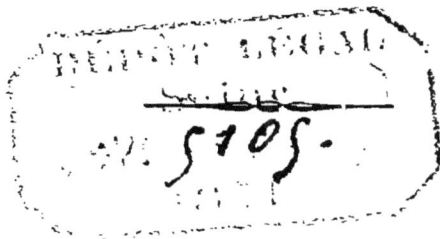

# PARIS
## LIBRAIRIE HACHETTE ET Cie
BOULEVARD SAINT-GERMAIN , 79
—
## 1871

# PETITE
# GÉOGRAPHIE
## MODERNE.

## NOTIONS PRÉLIMINAIRES.

### DÉFINITIONS.

**1. La Géographie** est la description de la terre.

**Forme et Pôles de la Terre.** — La Terre a la forme d'un globe ou d'une boule. Elle est un peu aplatie vers deux endroits

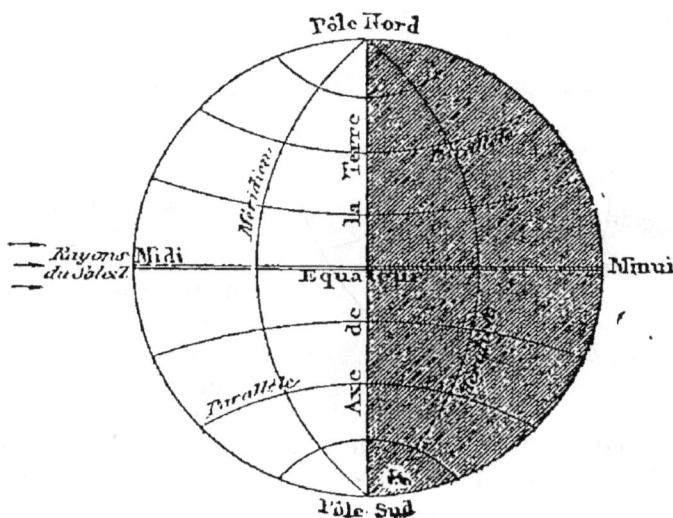

Pôle Nord

Méridien

de la Terre

Boréale

Rayons du Soleil — Midi

Équateur

Nimui

Axe de

Parallèle

Pôle Sud

opposés l'un à l'autre, que l'on appelle les deux *Pôles de la Terre*.

**Pôle Arctique.** — On nomme *Pôle Arctique*, c'est-à-dire Pôle de l'Ourse, celui des pôles de la terre qui est constamment tourné vers la partie du ciel où se trouve la constellation appelée en grec *Arctos*, c'est-à-dire l'Ourse.

**Pôle Antarctique.** — On nomme *Pôle Antarctique*, c'est-à-dire opposé à l'Ourse, le pôle qui se trouve directement opposé au pôle arctique.

**2. Cercles de la Terre.** — On appelle *Cercles de la Terre* ces lignes que l'on voit tracées sur les globes et sur les cartes de géographie, et que les géographes supposent tracées de même autour de la terre, quoiqu'elles n'existent point en réalité.

On compte six cercles principaux, dont deux grands et quatre petits.

**3. Grands cercles.** — Les deux grands cercles sont l'*Équateur* et le *Méridien*.

**Équateur.** — L'*Équateur* est le grand cercle qui fait le tour de la terre à égale distance des deux pôles.

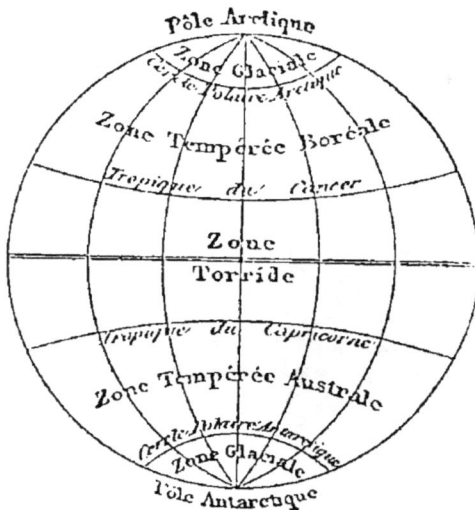

**Méridien.** — Le *Méridien* est un grand cercle qui fait le tour de la terre en passant par les deux pôles, et par un troisième lieu dont il prend le nom. Celui dont on se sert en France est le *Méridien de Paris*.

**4. Petits cercles.** — Les quatre petits cercles sont les deux *Tropiques* et les deux *Cercles Polaires*. Ils sont tracés dans le même sens que l'équateur. L'un des tropiques et l'un des cercles polaires se trouvent entre l'équateur et le pôle arctique; l'autre tropique et l'autre cercle polaire sont entre l'équateur et le pôle antarctique.

**Tropique du Cancer.** — On nomme ainsi le tropique tracé entre l'équateur et le pôle arctique.

**Tropique du Capricorne.** — On nomme ainsi le tropique placé entre l'équateur et le pôle antarctique.

**Cercle polaire arctique.** — C'est celui qui entoure le pôle arctique.

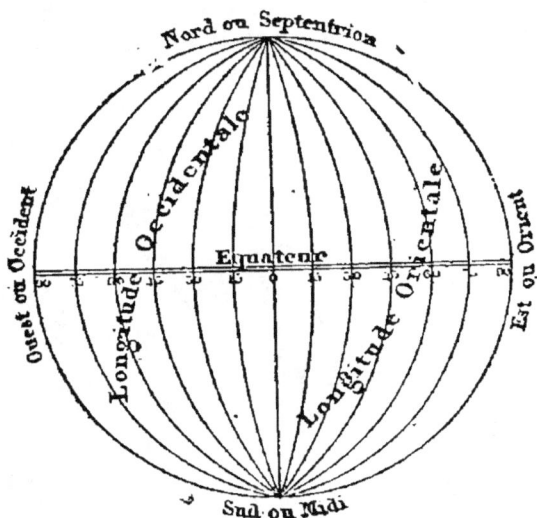

**Cercle polaire antarctique.** — C'est celui qui entoure le pôle antarctique.

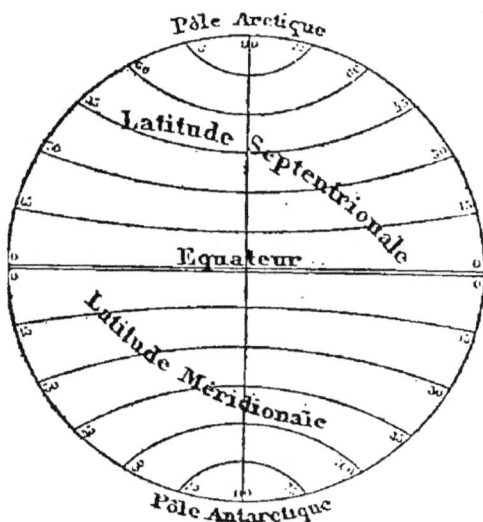

5. **Degrés de Latitude.** — Les *Degrés de Latitude* servent

à marquer à quelle distance un lieu est de l'équateur. Ils sont indiqués, sur les globes et sur les cartes, par des lignes tracées dans le même sens que l'équateur, les tropiques et les cercles polaires.

**Degrés de Longitude.** — Les *Degrés de Longitude* servent à marquer à quelle distance un lieu est du méridien dont on fait usage. Ces degrés sont indiqués, sur les globes et sur les cartes, par des lignes tracées dans le même sens que le méridien.

**6. Points Cardinaux.** — On appelle *Points Cardinaux* quatre

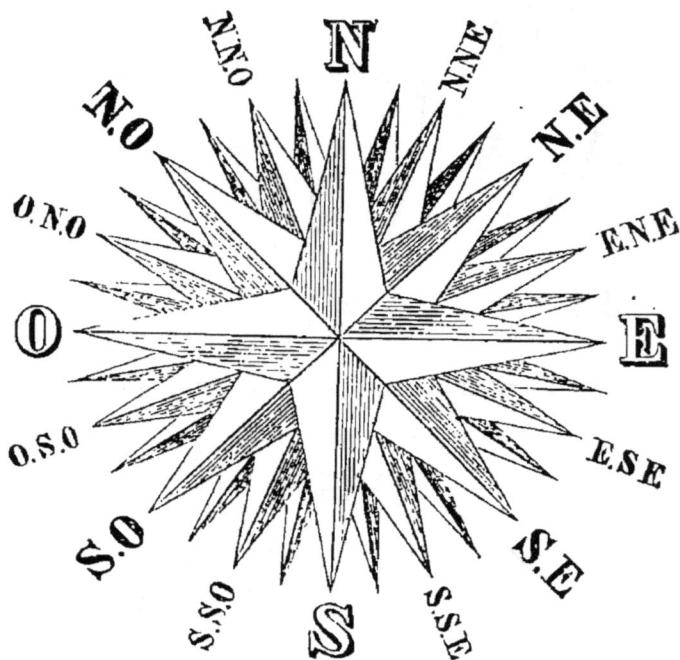

points qui ont été inventés pour indiquer la position des lieux sur le globe.

*Leurs noms.* — Les points cardinaux sont :

Le *Nord*, nommé aussi *Septentrion* ;
Le *Sud*, nommé aussi *Midi* ;
L'*Est*, nommé aussi *Orient* ou *Levant* ;
L'*Ouest*, nommé aussi *Occident* ou *Couchant*.

*Leur position.* — Sur les cartes, on place ordinairement :

Le Nord au haut de la carte,
L'Ouest à gauche,
L'Est à droite,
Le Sud au bas.

**Points Cardinaux secondaires.** — Outre les quatre principaux points cardinaux, on emploie souvent encore les quatre suivants, qui tirent leurs noms de ceux des deux points principaux entre lesquels chacun d'eux est placé. Ces quatre points sont :

Le *Nord-Est*, entre le Nord et l'Est ;
Le *Nord-Ouest*, entre le Nord et l'Ouest ;
Le *Sud-Est*, entre le Sud et l'Est ;
Le *Sud-Ouest*, entre le Sud et l'Ouest.

# DIVISION DU GLOBE EN TERRES ET EN EAUX.

**7.** En jetant les yeux sur un globe terrestre, ou sur une mappemonde, il est facile de voir que les *Terres* n'occupent que la plus petite partie du globe, et que les *Eaux* couvrent un espace beaucoup plus considérable. Les terres, composées d'un grand nombre de morceaux détachés, forment environ le tiers de la surface du globe ; les deux autres tiers sont couverts par les eaux.

## Division des terres.

**8. Continents.** — On appelle *Continents* les deux terres les plus grandes que l'on remarque parmi toutes celles qui sont répandues sur la surface du globe.

Le plus grand des deux continents se nomme l'*Ancien Continent*, parce qu'il a été habité le premier.

Le moins considérable, qui n'est connu que depuis l'année 1492, s'appelle le *Nouveau Continent*.

**Iles.** — On donne le nom d'*Iles* aux terres moins étendues que les continents, et entourées d'eau de toutes parts.

**Groupes d'Iles, Archipels.** — Un *Groupe d'Iles* est une réunion d'îles placées fort près les unes des autres. Les groupes qui couvrent un grand espace de mer prennent le nom d'*Archipels*.

**Presqu'île ou Péninsule.** — Une *Presqu'île* ou *Péninsule* est une terre presque entièrement entourée d'eau, mais qui tient au continent par un de ses côtés, ou seulement par une petite langue de terre.

**Isthme.** — On appelle *Isthme* la langue de terre qui joint une presqu'île au continent.

**9. Montagnes.** — On appelle *Montagnes* ou *Monts* des masses considérables de terre et de rochers, qui, en certains endroits, s'élèvent au-dessus de la surface des continents et des îles.

**Pics.** — On donne le nom de *Pics* à quelques montagnes qui ont la forme d'un pain de sucre.

**Volcan.** — Un *Volcan* est une montagne qui vomit par intervalles des torrents de feu.

**Chaînes de montagnes.** — Les montagnes placées en grand nombre à la suite les unes des autres forment ce qu'on appelle des *Chaînes de montagnes.*

**Défilés.** — On nomme *Défilés*, et, dans certains cas, *Pas*, *Cols* et *Gorges,* les passages étroits qui restent entre les montagnes dont se composent les chaînes, et quelquefois entre une montagne et la mer.

**Côtes.** — Les *Côtes* sont les endroits où la mer vient baigner la terre.

**Cap.** — Un *Cap* ou *Promontoire* est une pointe de terre qui s'avance dans la mer.

### Division des eaux.

**10. Mer, Océan.** — On donne le nom de *Mer* ou d'*Océan* à l'immense étendue d'eau qui couvre la portion la plus considérable du globe. Cette eau est salée, et a un goût tellement désagréable, qu'il est impossible de la boire.

La mer est divisée naturellement par les deux continents en deux grandes parties ou deux Océans, savoir : l'*Océan Atlantique* et le *Grand Océan.*

**Océan Atlantique.** — On nomme *Océan Atlantique* la portion de la mer comprise entre l'ancien continent à l'E. et le nouveau continent à l'O.

Il forme, ainsi que le Grand Océan, plusieurs mers particulières, dont nous donnerons les noms en décrivant les pays dont elles baignent les côtes.

**Grand Océan** — Le *Grand Océan*, ainsi nommé parce qu'il est le plus grand du globe, est la vaste étendue de mer comprise entre l'ancien continent à l'O. et le nouveau continent à l'E.

**Mer des Indes.** — On désigne sous le nom de *Mer des Indes* ou *Océan Indien* la portion du Grand Océan qui s'enfonce dans le sud de l'ancien continent et baigne les côtes d'un vaste pays nommé les Indes.

**11. Océan Glacial Arctique et Antarctique.** — On donne le nom d'*Océan Glacial* aux portions de mer qui s'étendent autour des pôles, et qui sont toujours embarrassées de glaces.

Il y en a deux, qui se distinguent par les noms des deux pôles ; ainsi :

L'Océan Glacial qui s'étend entre le pôle arctique et le cercle polaire arctique s'appelle *Océan Glacial Arctique.*

Baie et port d'Antibes (département des Alpes-Maritimes).

L'Océan Glacial qui s'étend entre le pôle antarctique et le cercle polaire antarctique s'appelle *Océan Glacial Antarctique.*

**12. Mers Intérieures.** — On appelle *Mers Intérieures* de grandes portions de mer qui s'enfoncent dans l'intérieur des terres.

**Méditerranée.** — La plus considérable des mers intérieures est la mer *Méditerranée*, qui pénètre dans l'ancien continent. Nous en parlerons plus en détail, ainsi que des autres mers intérieures, en décrivant les pays dont elles baignent les côtes.

**13. Golfe ou Baie.** — Un *Golfe* ou une *Baie* est une portion de mer qui s'enfonce entre les terres, mais qui n'est pas assez considérable pour mériter le nom de mer intérieure.

**Port.** — Un *Port* est une petite baie qui se trouve disposée, soit naturellement soit à l'aide du travail des hommes, de manière que les navires puissent y demeurer en sûreté et s'y trouver à l'abri des vents.

Étang de Berre (département des Bouches-du-Rhône).

**Détroit.** — On nomme *Détroit*, et, dans certains cas, *Pas*, *Canal*, *Phare* ou *Pertuis*, une portion de mer resserrée entre deux terres, et qui fait communiquer ensemble deux mers ou deux portions de mer.

**14. Lac, Étang.** — On donne le nom de *Lacs* aux grands amas d'eau que l'on rencontre en beaucoup d'endroits au milieu des terres. — Quand un lac est très-petit, on l'appelle *Étang*.

**Mer Caspienne.** — Le lac le plus considérable du globe a reçu, à cause de son étendue, le nom de mer : c'est la *mer Caspienne*, située à peu près au centre de l'ancien continent.

**15. Sources, Ruisseaux.** — On nomme *Sources* les eaux que l'on voit sortir de terre au pied des montagnes, et quelquefois même dans les plaines. Ces sources forment des *Ruisseaux*.

**Rivière.** — Une *Rivière* est une eau courante formée par la réunion de plusieurs ruisseaux.

**Confluent.** — On appelle *Confluent* l'endroit où deux rivières se réunissent.

**Fleuve.** — Un *Fleuve* est une rivière considérable, et qui porte ses eaux jusqu'à la mer.

**Embouchure.** — L'*Embouchure* d'un fleuve est l'endroit où ce fleuve entre dans la mer.

**Canal.** — Un *Canal* est une sorte de rivière creusée par la main des hommes, et formée de la réunion des eaux voisines, dans le but de faire communiquer entre elles deux rivières, ou une rivière avec la mer.

**Rive droite et Rive gauche.** — La *Rive droite* d'une rivière est le bord qu'aurait à sa droite une personne qui descendrait en bateau le cours de cette rivière, le visage tourné vers son embouchure; le bord qu'elle aurait à sa gauche est la *Rive gauche*.

---

# PARTIES DU MONDE.

**16.** On divise aujourd'hui le monde en cinq parties; savoir :

L'*Europe*, l'*Asie*, l'*Afrique*, qui sont renfermées dans l'ancien continent;

L'*Amérique*, qui forme le nouveau continent;

L'*Océanie*, qui se compose d'un nombre considérable d'îles répandues dans le Grand Océan, auquel elle doit son nom.

**17. Races d'Hommes.** — La terre est occupée par plus de douze cents millions d'habitants, appartenant à trois races principales, savoir :

La *Blanche*, qui a peuplé l'Europe, l'O. et le S. O. de l'Asie, le N.

Race blanche.

Race jaune.

de l'Afrique, et qui a envoyé des colonies dans toutes les parties du monde ;

La *Jaune*, qui a peuplé l'extrémité N. de l'Europe et de l'Asie, le centre et l'E. de l'Asie, une partie de l'Océanie et l'Amérique.

La *Nègre*, qui a peuplé le centre et le S. de l'Afrique, et la plus grande partie de l'Océanie.

Race nègre.

**Religions.** — On en compte quatre principales

Le *Christianisme*, divisé en plusieurs branches, et professé par plus de 300 millions d'individus ;

Le *Judaïsme*, professé par 4 millions d'hommes ;

Le *Mahométisme*, par plus de 250 millions ;

Le *Paganisme*, par plus de 600 millions.

# EUROPE.

**18.** Notions générales. — L'Europe est renfermée dans une espèce de grande presqu'île qui occupe toute la partie N. O. de l'ancien continent. C'est la plus petite des cinq parties du monde, mais elle est la plus civilisée, et la plus peuplée proportionnellement à son étendue.

Bornes. — L'Europe a pour bornes :
Au N. [1], l'Océan Glacial Arctique ;
A l'O., l'Océan Atlantique ;
Au S., la mer Méditerranée, la mer Noire et la chaîne du mont Caucase ;
A l'E., la mer Caspienne, le fleuve Oural, la chaîne des monts Ourals, et le petit fleuve Kara.

**19. Étendue et climat de l'Europe.** — L'Europe n'a en étendue que 95 000 myriamètres carrés environ, c'est-à-dire le quart de l'Asie et de l'Amérique, et le tiers de l'Afrique ; mais elle ne renferme pas, comme les autres parties du monde, de vastes déserts ; aussi est-elle, proportionnellement à son étendue, la plus peuplée et la mieux cultivée. Elle jouit aussi, presque généralement, d'une température douce qui favorise le développement de toutes les facultés de l'homme et la production de toutes les richesses agricoles.

**Population et Religions.** — L'Europe renferme plus de 276

---

1. Afin d'abréger, nous écrirons toujours pour nord, N. ; sud, S. ; est, E. ; ouest, O. ; nord-est, N. E. ; nord-ouest, N. O. ; sud-ouest. S. O. ; sud est, S. E.

millions d'habitants, appartenant presque tous à la race blanche et aux diverses branches de la religion chrétienne, savoir :

| | |
|---|---|
| Religion catholique........................ | 153 millions. |
| Religion grecque........................... | 55 millions. |

Religion réformée, divisée en 4 branches; savoir :
- Luthéranisme.....
- Calvinisme........
- Presbytéranisme ..
- Religion anglicane. } 50 millions.

Sectes diverses... ..................... 1 demi-million.

On y compte de plus environ 3 millions de mahométans, en Russie et en Turquie, 2 millions et demi de juifs répandus dans toute l'Europe, et 50 000 idolâtres.

**Productions, industrie.** — L'Europe produit en abondance le blé, le vin, le lin et toutes les choses nécessaires à la vie. Les animaux utiles y sont en grand nombre, et les animaux nuisibles assez rares. On y trouve quelques mines d'or et d'argent, et beaucoup de fer, de plomb, d'étain, de houille, de sel, etc. Mais c'est surtout par les produits de son industrie et par le commerce qu'elle fait avec toutes les parties du monde, que l'Europe s'est acquis sur elles une immense supériorité. Un nombre infini de navires transportent, sur tous les points du globe, ses tissus de coton, de laine, de fil et de soie; son horlogerie, ses meubles, ses bijoux, ses machines, ses instruments et ses vins. Foyer des arts et des sciences, elle fait, à l'aide de ses livres, pénétrer ses lumières jusqu'aux extrémités du monde.

**20.** DIVISIONS DE L'EUROPE. — L'Europe se divise en 16 parties principales, savoir :

4 au nord.
- Les Iles Britanniques;
- Le Danemark;
- La Suède et la Norvége;
- La Russie avec la Pologne;

7 au milieu.
- La France;
- Les Pays-Bas;
- La Belgique;
- La Suisse;
- La Prusse;
- L'Empire Allemand;
- L'Autriche.

5 au sud.
{
Le Portugal ;
L'Espagne ;
L'Italie ;
La Turquie ;
La Grèce avec les îles Ioniennes.
}

ÎLES. — Après la *Grande-Bretagne* et l'*Irlande*, comprises dans les Îles Britanniques, les plus grandes îles de l'Europe sont :

*Le Spitzberg* et *la Nouvelle-Zemble* dans l'Océan Glacial Arctique.

*L'Islande*, au N. de l'Océan Atlantique ;

*La Corse,*
*La Sardaigne,*
*La Sicile,*
*Candie,*
}
dans la Méditerranée.

**21. Mers qui baignent l'Europe.** — Nous avons vu (18) que l'Europe est bornée par l'Océan Glacial Arctique au N., et par l'Océan Atlantique à l'O. Ces deux océans forment, sur les côtes de l'Europe, plusieurs mers qu'il faut connaître.

**Mer formée par l'Océan Glacial Arctique.** — Cet océan ne forme qu'une mer, savoir :

La *mer Blanche*, qui pénètre au N. de la Russie.

**Mers formées par l'Océan Atlantique.** — L'Océan Atlantique forme deux mers, savoir :

La *mer du Nord*, vers le N. de l'Europe ;
La *mer Méditerranée*, au S. de l'Europe.

**22. Mer du Nord.** — Cette mer s'enfonce entre les Îles Britanniques à l'O., la Norvége et le Danemark à l'E. ; elle baigne au S. les Pays-Bas et l'Allemagne, ce qui la fait quelquefois nommer *mer d'Allemagne*. Elle donne naissance à une autre mer, savoir :

La *mer Baltique*, qui s'étend entre l'Europe au N. et à l'O.,
la Russie à l'E. et l'Allemagne au S.

**23. Mer Méditerranée.** — Cette mer s'étend entre l'Europe au N., l'Asie à l'E., et l'Afrique au S. Elle forme 7 autres mers, savoir :

1° La *mer de Sicile*, au N. de la Sicile ;
2° La *mer Ionienne*, entre la partie méridionale de l'Italie et la Grèce ;

2

3° La *mer Adriatique*, entre l'Italie, les États Autrichiens et la Turquie ;

4° L'*Archipel*, entre la Grèce, la Turquie d'Europe et la Turquie d'Asie ;

5° La *mer de Marmara*, entre la Turquie d'Europe et la Turquie d'Asie ;

6° La *mer Noire*, entre la Turquie d'Europe, la Russie et la Turquie d'Asie ;

7° La *mer d'Azof*, entourée par la Russie.

**24. Golfes.** — Les mers de l'Europe forment sur ses côtes 13 golfes principaux.

3 sont formés par la mer du Nord, savoir :

Le golfe de *Murray*,
Le golfe du *Forth*,      } sur les côtes de l'Écosse;
Le golfe du *Zuiderzée*, sur la côte des Pays-Bas.

4 par la mer Baltique, savoir :

Le golfe de *Dantzig*, au N. de la Prusse ;
Le golfe de *Livonie*,
Le golfe de *Finlande*,  } à l'O. de la Russie ;
Le golfe de *Botnie*, entre la Russie et la Suède.

1 par l'Atlantique, c'est

Le golfe de *Gascogne* ou de *Biscaye*, entre la France et l'Espagne.

2 par la Méditerranée, savoir :

Le golfe de *Lyon* ou mieux du *Lion*, au S. de la France ;
Le golfe de *Gênes*, au N. O. de l'Italie.

2 par la mer Ionienne, savoir :

Le golfe de *Tarente*, au S. de l'Italie ;
Le golfe de *Patras* ou de *Lépante*, dans la Grèce.

1 par l'Archipel, c'est

Le golfe de *Salonique*, au S. de la Turquie.

**25. Détroits.** — Les mers de l'Europe communiquent entre elles par 16 détroits principaux, savoir :

5 font communiquer la mer du Nord avec la Baltique, savoir :

Le *Skager-Rack*,
Le *Cattégat*,      entre la Norvége, la Suède et les
Le *Sund*,           terres et îles qui composent le
Le *Grand-Belt*,   Danemark.
Le *Petit-Belt*,

5 dans l'Océan Atlantique, savoir :

| | |
|---|---|
| Le canal du *Nord*,<br>Le canal *Saint-Georges*, | réunis entre eux par la *mer d'Ir-lande*, entre la Grande-Bretagne et l'Irlande. |
| Le *Pas-de-Calais*,<br>La *Manche*, | joignant l'Atlantique à la mer du Nord, entre la Grande-Bretagne et la France. |

Le détroit de *Gibraltar*, joignant l'Atlantique à la Méditerranée, entre l'Espagne et l'Afrique.

6 dans la Méditerranée, et pour faire communiquer les mers qu'elle forme, savoir :

Les bouches de *Bonifacio*, entre les deux îles de Corse et de Sardaigne ;
Le phare de *Messine*, joignant la mer Ionienne à la mer de Sicile, entre la Sicile et l'Italie ;
Le canal d'*Otrante*, joignant la mer Ionienne à l'Adriatique, entre l'Italie et la Turquie ;
Le détroit des *Dardanelles*, joignant l'Archipel à la mer de Marmara, entre la Turquie d'Europe et la Turquie d'Asie ;
Le canal de *Constantinople*, joignant la mer de Marmara à la mer Noire, entre la Turquie d'Europe et celle d'Asie ;
Le détroit d'*Iénikalé*, joignant la mer Noire à la mer d'Azof, dans la Russie méridionale.

**26. Fleuves.** — Les mers, golfes et détroits que nous venons de nommer reçoivent tous les fleuves de l'Europe. Les plus remarquables, au nombre de 27, se distribuent de la manière suivante :

1 tombe dans l'Océan Glacial, c'est

La *Petchora*, qui arrose la Russie.

1 dans la mer Blanche, c'est

La *Dvina*, qui arrose aussi la Russie.

4 tombent dans la Baltique, savoir :

La *Duna*, qui arrose la Russie et se rend dans le golfe de Livonie ;
Le *Niémen*, qui arrose la Russie et la Prusse ;
La *Vistule*, qui arrose la Pologne et la Prusse, et s'écoule dans le golfe de Dantzig ;
L'*Oder*, qui arrose la Prusse.

3 dans la mer du Nord, savoir :

L'*Elbe*, qui arrose l'Allemagne ;
Le *Rhin*, qui sort de la Suisse, arrose l'Allemagne et les Pays-Bas ;
La *Tamise*, qui arrose l'Angleterre.

1 dans la Manche, c'est

La *Seine*, qui arrose la France.

7 dans l'Atlantique, savoir :

La *Loire*,
La *Gironde*, } qui arrosent la France ;

Le *Minho*,
Le *Douro*,
Le *Tage*, } qui arrosent l'Espagne et le Portugal ;
Le *Guadiana*,

Le *Guadalquivir*, qui arrose l'Espagne.

2 dans la Méditerranée, savoir :

L'*Èbre*, qui arrose l'Espagne ;
Le *Rhône*, qui arrose la France.

1 dans la mer de Sicile, c'est

Le *Tibre*, qui arrose l'Italie centrale.

1 dans l'Adriatique, c'est

Le *Pô*, qui arrose l'Italie septentrionale.

3 dans la mer Noire, savoir :

Le *Danube*, qui arrose l'Allemagne et la Turquie septentrionale ;
Le *Dniestr*, qui arrose la Galicie et la Russie ;
Le *Dniepr*, qui arrose la Russie.

1 dans la mer d'Azof, c'est

Le *Don*, qui arrose la Russie.

2 dans la mer Caspienne, savoir :

Le *Volga*,
L'*Oural*, } qui arrosent aussi la Russie.

**27. Lacs.** — Parmi les lacs de l'Europe, nous en comptons 12 principaux, savoir :

4 en Russie, qui sont :

Le lac *Saïma*, le plus grand de la Finlande, province toute couverte de lacs ;
Le lac *Onéga*, communiquant avec le lac *Ladoga*, qui est lui-même le plus grand de l'Europe, et dont les eaux se rendent dans le golfe de Finlande, par un fleuve large, mais très-court, nommé la *Neva* ;
Le lac *Peïpous* ou de *Tchoudskoé*, dont les eaux tombent aussi dans le golfe de Finlande.

3 en Suède, savoir :

Le lac *Mælar*, ⎫ qui versent leurs eaux dans la Balti-
Le lac *Vetter*, ⎰ que;
Le lac *Vener*, qui s'écoule dans le Cattégat.

2 en Suisse, savoir :

Le lac de *Constance*, traversé par le Rhin;
Le lac *Léman* ou de *Genève*, traversé par le Rhône.

2 au N. de l'Italie, savoir :

Le lac *Majeur*, ⎫ dont les eaux se rendent dans le
Le lac de *Garde*, ⎰ Pô.

1 dans les États Autrichiens, c'est

Le lac *Balaton*, qui s'écoule dans le Danube.

**28. Presqu'îles.** — On remarque en Europe 6 presqu'îles prin
cipales, dont 8 grandes et 3 petites.

Les trois grandes presqu'îles sont :

La *Suède* avec la *Laponie*, au N. de l'Europe, renfermée entre
l'Océan Glacial Arctique au N., l'Océan Atlantique à l'O., et
la mer Baltique au S. et à l'E.;
L'*Espagne* avec le *Portugal*, au S. O. de l'Europe, renfermée
entre l'Océan Atlantique au N. O., à l'O. et au S. O., le détroit de Gibraltar au S., et la mer Méditerranée au S. E. et
à l'E.;
L'*Italie*, au S. de l'Europe, renfermée entre la mer Méditerranée
à l'O., la mer Ionienne au S., et la mer Adriatique à l'E.

Les trois petites presqu'îles sont :

Le *Jutland*, au N. de l'Allemagne, renfermé entre la mer du
Nord à l'O., le Skager-Rack, appelé aussi le *canal de Jutland*,
au N., et le Cattégat à l'E.;
La *Morée*, au S. de la Grèce, renfermée entre le golfe de Lépante
au N., la mer Ionienne à l'O. et au S., et l'Archipel à l'E.;
La *Crimée*, au S. de la Russie, renfermée entre la mer Noire à
l'O. et au S., le détroit d'Iénikalé à l'E., et la mer d'Azof au
N. E.

**29. Isthmes.** — Parmi les presqu'îles que nous venons de
nommer, les 4 premières tiennent au continent par des espaces trop
grands pour qu'on leur donne le nom d'isthmes; on ne compte donc
en Europe que deux isthmes, savoir :

L'isthme de *Corinthe*, qui rattache la Morée au reste de la
Grèce;
L'isthme de *Pérécop*, qui unit la Crimée au reste de la Russie.

**30. Caps.** — Les caps remarquables de l'Europe sont au nombre de 10, savoir :

3 au N., qui sont :

Le cap *Jelmia,* au N. de la Nouvelle-Zemble ;
Le cap *Nord*, au N. de la Norvége, dans l'île *Mageroë ;*
Le cap *Lindes-Næs*, au S. de la Norvége.

L'Etna, volcan en Sicile.

4 à l'O., qui sont :

Le cap *Clear*, au S. O. de l'Irlande ;
Le cap *Land's End*, au S. O. de la Grande-Bretagne ;
Le cap *Finisterre*, au N. O. de l'Espagne;
Le cap *Saint-Vincent*, au S. O. du Portugal ;

3 au S., qui sont :

Le cap *Leuca*, au S. E. de l'Italie ;
Le cap *Passaro*, au S. de la Sicile ;
Le cap *Matapan*, au S de la Morée.

**31. Chaînes de Montagnes.** — Les chaînes de montagnes les plus considérables de l'Europe sont au nombre de 8, savoir:

Les monts *Ourals*, qui séparent l'Europe de l'Asie ;
Les *Alpes Scandinaves*, à l'E. de la Norvége ;
Les *Pyrénées*, entre la France et l'Espagne ;
Les *Alpes*, entre la France, la Suisse, l'Allemagne et l'Italie.
  Cette chaîne, la plus élevée de l'Europe, renferme le *Mont-Blanc*, dont la hauteur atteint 4810 mètres.
Les *Apennins*, qui traversent toute l'Italie ;
Les *Carpathes*, au N. E. de l'Allemagne ;
Les *Balkans*, dans la Turquie ;
Le *Caucase*, entre l'Europe et l'Asie.

**32. Volcans.** — Il y a en Europe 3 volcans principaux, savoir :

1 sur le continent, en Italie, c'est

Le *Vésuve*, près de Naples.

2 dans les îles, qui sont :

L'*Hécla*, en Islande ;
L'*Etna*, en Sicile.

Il y en a, en outre, plusieurs autres en Islande (38) et dans les îles de *Lipari* (78).

# EUROPE SEPTENTRIONALE.

## ILES BRITANNIQUES.

**55.** POSITION ET DIVISIONS. — Les Iles Britanniques (Royaume-Uni d'Angleterre, d'Écosse et d'Irlande) forment, au N. O. de l'Europe, une espèce d'archipel composé de 2 grandes îles, 4 groupes principaux, et 7 petites îles.

Les 2 grandes îles sont :

La *Grande-Bretagne*, à l'E.;
L'*Irlande*, à l'O.

Les 4 groupes principaux sont :

Les *Shetland* [1],
Les *Orkney* ou *Orcades*,   &#125; au Nord ;
Les *Western* ou *Hébrides*, &#125;
Les *Scilly* ou *Sorlingues*, au Sud.

Les 7 petites îles sont :

*Man*,
*Anglesey*,   &#125; dans la mer d'Irlande.

*Wight* [2],
*Aurigny*,
*Guernesey*,   &#125; dans la Manche ;
*Jersey*,

*Helgoland*,    dans la mer du Nord.

### GRANDE-BRETAGNE.

**34.** DIVISIONS. — La Grande-Bretagne comprend deux royaumes, savoir :

L'*Écosse* au N., l'*Angleterre* au S.

### Écosse.

CAPITALE. — *Édimbourg*, près du golfe de Forth.

VILLE REMARQUABLE. — *Glascow*, à l'O. d'Édimbourg, la plus considérable de l'Écosse ; fameuse université.

### Angleterre.

CAPITALE. — *Londres*, sur la Tamise, la ville la plus commerçante du monde (2 millions 800 mille hab.).

VILLES REMARQUABLES. — A l'O., *Liverpool*, port très-commerçant ;

---

1. Prononcez *Chetlande*. — 2. Prononcez *Ouaïte*.

Au centre, *Manchester* et *Birmingham*, grandes villes manufacturières.

## IRLANDE.

**55**. L'*Irlande* forme le troisième des royaumes unis.

CAPITALE. — *Dublin*, sur la mer d'Irlande, la seconde ville des Iles Britanniques.

VILLE REMARQUABLE. — Au S., *Cork*, port commerçant et la seconde ville de l'Irlande.

**36. Étendue, population, religion, gouvernement.** — Les Iles Britanniques renferment plus de 3100 myriamètres carrés, et une population de 30 millions d'individus. La religion anglicane domine en Angleterre, le presbytéranisme en Écosse ; l'Irlande, qui a plus de 6 millions d'habitants, est presque entièrement catholique. — Le gouvernement est entre les mains d'un roi [1], qui partage le pouvoir de faire des lois et d'établir les impôts avec le *Parlement*, composé de deux assemblées chargées de représenter la nation et de défendre ses intérêts ; ces deux assemblées sont : la *Chambre des Pairs* ou des *Lords*, dont la dignité est héréditaire, et la *Chambre des Communes*, composée de membres élus par les communes.

**Climat, productions, commerce, manufactures, marine, possessions lointaines.** — Quoique le climat des Iles Britanniques soit généralement humide et brumeux, cependant les terres y sont fertiles. On y trouve de nombreuses mines de fer, de plomb, de cuivre et surtout de houille ; mais ce qui constitue la véritable puissance de l'empire britannique, c'est son immense commerce alimenté par d'innombrables manufactures, vivifié et protégé par une marine de plus de 35000 vaisseaux qui rend toutes les parties du monde tributaires de l'Angleterre. Ce commerce est facilité à l'intérieur par un grand nombre de canaux et de chemins de fer qui sillonnent en tous sens la Grande-Bretagne. Cette puissance possède d'ailleurs sur les deux continents, dans toutes les mers, et jusque dans l'Océanie, de vastes territoires et un grand nombre d'îles où sa domination s'étend sur plus de 200 millions d'hommes. (Voir nos 69,

1. La couronne étant héréditaire même pour les femmes, c'est une reine qui est aujourd'hui assise sur le trône d'Angleterre.

74, 109, 113, 114, 117, 118, 119, 121, 129, 155, 157, 163, 171, 172, 190, 191, 192, 204, 205, 209, 224, 244, 250, 254.)

---

## DANEMARK.

**37. POSITION ET DIVISIONS.** — Le Danemark, situé à l'entrée de la mer Baltique, se divise en partie continentale et en îles.

PARTIE CONTINENTALE. — La partie continentale du Danemark est la province de *Jutland*.

ILES. — Elles se composent de deux groupes et d'une grande île.

Les deux groupes sont :

Les îles *Danoises*, dans la Baltique, et dont les principales sont *Séeland* et *Fionie;*

Les îles *Fœroë* dans l'Atlantique.

La grande île est l'*Islande*, située au N. de l'Atlantique.

CAPITALE. — *Copenhague*, dans l'île de Séeland, ville bien fortifiée et l'une des plus belles capitales de l'Europe.

VILLES REMARQUABLES. — Dans l'île de Fionie : *Odensée*, qui en est la capitale;

Sur le continent : *Viborg*, dans le Jutland.

**38. ISLANDE.** — Cette grande île volcanique n'a que des villages, dont le principal est *Reykiavig*, au S. O.

**39. Étendue, population, religion et gouvernement.** — Le Danemark renferme environ 370 myriamètres carrés, auxquels il en faut ajouter 880 pour l'Islande et les îles Fœroë. Sa population n'atteint pas 2 millions d'habitants, qui presque tous professent le luthéranisme. Son gouvernement est une monarchie tempérée par l'assemblée des États. Ce royaume a perdu en 1864 la moitié de sa population avec ses provinces de Schleswig, de Holstein et de Lauenbourg qui lui ont été enlevées par la Prusse.

**Climat, productions.** — L'archipel Danois est la partie la plus tempérée et la plus agréable du royaume; c'est aussi la plus fertile en grains, lin, etc. Le Jutland est généralement froid et couvert de marais et de bruyères. L'Islande est un pays montagneux, très-froid, où il ne croît pas de blé ni même de grands arbres; la pomme de terre y est la culture principale. On y voit des espèces de volcans qui lancent à une hauteur prodigieuse des torrents d'eau bouillante.

**Industrie, commerce.** — L'industrie est généralement peu avancée dans le Danemark; mais elle devra sans doute de nouveaux développements au commerce, qui depuis quelques années a pris dans ce pays de grands accroissements.

**Possessions lointaines.** — Le Danemark possède encore quelques îles dans les petites Antilles (n° 211).

---

# SUÈDE.

**40. Bornes.** — La Suède a pour bornes :
Au N., l'Océan Glacial Arctique;
A l'O., l'Atlantique et la mer du Nord;
Au S., le Skager-Rack et la Baltique;
A l'E., la Baltique, le golfe de Botnie et la Russie.

**Divisions.** — La Suède comprend 2 royaumes, savoir :
La *Suède*, à l'E.; la *Norvége*, à l'O.
Elle possède en outre plusieurs îles.

### Suède.

**Capitale.** — *Stockholm*, sur le détroit qui unit le lac Mælar à la Baltique.

## Norvége.

CAPITALE. — *Christiania*, au fond d'un golfe auquel elle donne son nom.

ILES. — Les principales îles sont :

Dans la Baltique, *Œland*, au S. ; *Gottland*, au N. ; Dans l'Océan Glacial, sur la côte de la Norvége, les groupes de *Loffoden* et de *Tromsen*.

**41. Étendue, population, religion et gouvernement.** — Les royaumes de Suède et de Norvége réunis forment le second des États européens par l'étendue, laquelle est d'environ 7600 myriamètres carrés ; la population est de plus de 5 500 000 habitants, qui professent la religion luthérienne. Le gouvernement est représentatif. Les deux royaumes de Suède et de Norvége, quoique réunis sous le même souverain, ont leurs constitutions distinctes et leurs assemblées indépendantes.

**Climat, productions.** — Le climat de la Suède est généralement froid, et son sol peu productif, si ce n'est vers le sud. Elle est remplie de lacs, dont plusieurs ont un aspect agréable. La Norvége est, presque tout entière, hérissée de montagnes qui produisent en abondance des bois propres à la construction des vaisseaux, et qui font l'objet d'un grand commerce. La partie septentrionale de ce royaume se nomme *Laponie*. Les habitants de ce pays sont remarquables par leur petite taille. Ils tirent un grand parti d'un animal fort curieux nommé le *renne*, qui ne peut vivre que dans les régions septentrionales ; ils se nourrissent de sa chair et de son lait, et l'attellent aux traineaux dont ils se servent pour voyager dans ces contrées couvertes, presque toute l'année, de neiges et de glaces. — La Suède renferme beaucoup de mines de fer et de cuivre ; il y en a même plusieurs d'or et d'argent.

Au S. des îles de Loffoden se trouve le tourbillon de *Malstrœm*, dont les flots, surtout en hiver et lorsque le vent souffle du N. O., tournoient violemment, attirent et engloutissent les vaisseaux avec un fracas et des mugissements qui s'entendent à plusieurs kilomètres de distance.

**Possessions lointaines.** — La Suède ne possède, hors de l'Europe, que l'île *Saint-Barthélemy*, dans les Antilles (212).

## RUSSIE.

**42. Bornes.** — La Russie, en y comprenant les *provinces septentrionales du Caucase* et le royaume de *Pologne*, a pour bornes :

Au N., l'Océan Glacial Arctique ;

A l'O., la Suède, le golfe de Botnie, la Baltique, la Prusse et l'Autriche ;

Au S., le Caucase, la mer Noire, la Turquie d'Asie et la Perse ;

A l'E., la mer Caspienne, le fleuve Oural, les monts Ourals et le petit fleuve de Kara.

**Capitale.** — *Saint-Pétersbourg*, près de l'embouchure de la Néva dans le golfe de Finlande.

**Villes remarquables.** — Au N., *Arkhangelsk*, port sur la mer Blanche ;

Au centre, *Moskou* renferme le palais du *Kremlin*, première résidence des souverains du pays, capitale de la Russie avant Saint-Pétersbourg, et encore aujourd'hui la seconde ville de l'empire en richesse et en population ;

A l'O., *Riga*, port très-commerçant, sur le golfe qui porte son nom ; *Vilna*, capitale de l'ancienne province polonaise de *Lithuanie ;*

Au S., *Kiev*, la première capitale de la Russie; *Odessa*, sur la mer Noire, le port le plus commerçant de l'empire; *Sébastopol*, au S. de la Crimée, grand arsenal maritime pris par les Français et les Anglais en 1855.

**43.** Dans les provinces du Caucase : *Derbrend*, capitale du Daghestan sur la mer Caspienne.

Dans la Pologne, on distingue : *Varsovie*, sur la

Vistule, capitale du royaume, défendue vaillamment, mais sans succès, par les Polonais contre les Russes en 1831.

**44. Iles qui dépendent de la Russie.** — Les plus remarquables sont :

| | |
|---|---|
| Le *Spitzberg*,<br>La *Nouvelle-Zemble*,<br>*Vaïgatch*,<br>*Kalgouev*, | dans l'Océan Glacial<br>Arctique ; |
| *Aland*,<br>*Dago*,<br>*OEsel*, | dans la mer Baltique. |

**45. Étendue, population, religion et gouvernement.** — L'empire de Russie, le plus considérable des États de l'Europe par son étendue et par sa population, renferme, en y comprenant la Pologne, près de 55 000 myriamètres carrés, et plus de 77 millions d'habitants, dont la plus grande partie professe la religion grecque ; cependant ceux de la Pologne sont catholiques, et ceux de la Finlande luthériens. Il y a, en outre, des mahometans au S. et à l'E., et un assez grand nombre de juifs dans toutes les provinces. Le souverain, qui porte le titre de *Tzar*, possède une autorité absolue.

**Climat, productions.** — La Russie se compose presque entièrement de vastes plaines dont la température est assez froide, mais qui sont généralement fertiles. La partie méridionale, et surtout la Crimée, jouissent d'un climat doux et agréable ; on y récolte en abondance du blé, du lin, du chanvre, du tabac et même du vin. La partie septentrionale, exposée à un froid rigoureux, est tout à fait stérile. L'E. est couvert d'immenses forêts, et le S. E. de plaines sablonneuses imprégnées de sel. Les monts Ourals renferment des mines d'or, de platine, de cuivre, de fer et même de diamant.

**Possessions lointaines.** — Quelque immenses que soient les territoires soumis à la Russie en Europe, ils ne forment qu'environ le quart de cet empire, qui s'étend encore dans le N. de l'Asie (96) et dont toutes les possessions réunies égalent la 7e partie de la terre habitable.

**46. Notions historiques sur la Pologne.** — La Pologne, qui formait, avant la fin du siècle dernier, un des plus grands royaumes de l'Europe, fut démembrée en 1772, 1793 et 1795, par la Russie, la

Moscou — Palais du Kremlin.

Prusse et l'Autriche qui s'en partagèrent les provinces. Reconstituée en 1807, sous le nom de grand-duché de Varsovie, elle avait repris, en 1815, le nom de royaume de Pologne, sous la souveraineté de l'empereur de Russie ; mais, à la suite d'une révolution qui a éclaté à Varsovie, en 1830, et après une lutte sanglante et héroïque, dans laquelle la Pologne n'a succombé qu'avec gloire, elle a été déclarée partie intégrante de l'empire russe. — Enfin la dernière partie qui fût restée indépendante, formait la *république de Kracovie;* elle a été réunie à l'empire d'Autriche en 1846.

# EUROPE CENTRALE.

## FRANCE [1].

**47.** Bornes. — La France a pour bornes :
Au N., l'Allemagne, la Belgique et la mer du Nord ;
A l'O., le Pas-de-Calais, la Manche et l'Atlantique;
Au S., les Pyrénées et la Méditerranée ;
A l'E., les Alpes, le Jura et les Vosges.

Capitale. — *Paris,* sur la Seine, la seconde ville de l'Europe en population et en richesse.

Villes remarquables. — Au N., *Lille,* l'une des plus fortes places de la France ; *Rouen,* sur la Seine, ville très-commerçante ;

Au centre, *Nantes,* port sur la Loire, ville grande et commerçante ; *Lyon,* sur le Rhône, la seconde ville de France par son industrie et son commerce;

Au S., *Bordeaux,* sur la Garonne, *Marseille* sur la

---

1. La géographie détaillée de la *France* se trouve à la fin de ce volume.

Méditerranée, ports qui font aussi un grand commerce.

---

## PAYS-BAS ou NÉERLANDE [1].

**48. Bornes.** — Les Pays-Bas, nommés aussi *Néerlande* et *Hollande*, ont pour bornes :

Au N., } la mer du Nord ;
A l'O., }
Au S., la Belgique ;
A l'E., l'Allemagne.

**Capitale.** — *Amsterdam* sur le Zuiderzée, célèbre par son commerce et par ses richesses.

**Villes remarquables.** — Au N., *la Haye*, résidence habituelle du roi ; *Rotterdam*, sur la Meuse, ville très-commerçante ; *Utrecht*, célèbre dans l'histoire par plusieurs traités importants ;
Au S. E., *Luxembourg*, capitale du grand-duché qui porte son nom.

**Iles.** — Au N. O. des Pays-Bas sont situées plusieurs îles, dont la principale est le *Texel*.

Il s'en trouve, en outre, à l'O. un grand nombre formées par les embouchures des fleuves qui arrosent la Belgique et les Pays-Bas ; la principale est celle de *Walcheren*.

**49. Notions diverses.** — Les Pays-Bas ont 357 myriamètres carrés et 3 millions et demi d'habitants, calvinistes pour la plupart. Le gouvernement est une monarchie représentative. — L'industrie

---

1. Pour ce pays et les suivants, consulter la carte de *France*.

et l'activité des Hollandais ont transformé en champs fertiles et en excellents pâturages leurs contrées marécageuses, dont le sol est si peu élevé au-dessus de la mer qu'elles ne sont préservées de l'irruption des eaux qu'à l'aide de fortes digues. Ils possèdent en Océanie des colonies peuplées de plus de 20 millions de sujets (n° 243).

## BELGIQUE.

**50. BORNES.** — La Belgique a pour bornes :
Au N., les Pays-Bas ;
A l'O., la mer du Nord ;
Au S., la France ;
A l'E., l'Allemagne et les Pays-Bas.

Bruxelles. — Hôtel de Ville.

**CAPITALE.** — *Bruxelles*, au centre, possède un magnifique hôtel-de-ville.

Villes remarquables. — Au N. *Anvers*, sur l'Escaut, prise en 1832 par les Français sur les Hollandais, après un siége difficile et glorieux ; *Gand*, ville grande et riche par son commerce.

**51. Notions diverses** — La Belgique a 294 myriamètres carrés et près de 5 millions d'habitants, presque tous catholiques. Le gouvernement est une monarchie représentative. — La Belgique jouit d'un climat sain ; et son sol, d'une admirable fertilité en grains, tabacs, etc., renferme d'abondantes mines de fer et de houille. — La Hollande et la Belgique se distinguent par leur industrie, dont les toiles, les dentelles, les soieries et les draps sont les plus remarquables.

## SUISSE.

**52.** Bornes. — La Suisse a pour bornes :
Au N., l'Allemagne ;
A l'O., la France ;
Au S., la France et l'Italie ;
A l'E., l'Autriche.

Divisions. — La Suisse forme une république composée de 22 cantons indépendants les uns des autres.

Villes principales. — Au N., *Bâle*, sur le Rhin, la ville la plus commerçante de la Suisse, près des frontières de la France ; *Zurich*, sur le lac du même nom ; *Schaffhouse*, chef-lieu du canton le plus septentrional de la Suisse ;

Au centre, *Berne*, chef-lieu du canton le plus grand et le plus peuplé, résidence du gouvernement et de la Diète fédérale ; *Neuchâtel*, sur le lac de ce nom, chef-lieu d'un canton qui reconnaissait autrefois la souveraineté du roi de Prusse ; *Fribourg*, au S. O. de Berne, célèbre par un pont suspendu à une immense hauteur.

Au S. O., *Genève*, à l'endroit où le Rhône sort du lac *Léman*, la ville la plus considérable de la Suisse ; *Lausanne*, sur le même lac.

**53. Étendue, population, religions et gouvernement.** — La Suisse, une des contrées les plus élevées de l'Europe, est couverte par les nombreuses ramifications des Alpes. Elle contient environ 403 myriamètres carrés et plus de 2 millions et demi d'habitants, dont 1 440 000 sont calvinistes, et 1 200 000 catholiques. Chaque canton a son gouvernement particulier ; mais les affaires qui intéressent la confédération sont réglées dans une diète qui se réunit à Berne.

**Climat, productions.** — La présence des montagnes couvertes de glaces éternelles rend le climat de la Suisse généralement froid ; il faut dire cependant qu'on y peut jouir en quelques heures de toutes les variétés de température que l'on rencontre dans l'Europe entière ; car, tandis qu'un hiver rigoureux et perpétuel règne sur le sommet des Alpes, on goûte dans les vallées les douceurs du printemps. Peu fertile en grains, ce pays possède d'excellents pâturages, qui nourrissent de nombreux troupeaux : aussi le beurre et le fromage sont-ils pour lui d'importants objets de commerce. — Dans le canton du *Valais*, un des plus méridionaux de la Suisse, on trouve un assez grand nombre de *Crétins*, race d'hommes dégénérés, défigurés par des goitres énormes, et qui sont sourds, muets, imbéciles et presque insensibles.

**Curiosités naturelles.** — Les plus remarquables de la Suisse sont : les immenses glaciers connus sous le nom de *Mer de glace* ; la *Chute du Rhin*, à 5 kilomètres de Schaffhouse, où ce fleuve, large de 110 mètres en cet endroit, se précipite de 20 mètres de hauteur ; la *Chute de Staubach*, qui a 250 mètres de haut, etc.

---

# ALLEMAGNE.

**54. Bornes.** — L'Allemagne a pour bornes :
Au N., la mer Baltique, le Danemark et la mer du Nord ;
A l'O., les Pays-Bas et la France ;
Au S., la Suisse et l'Autriche ;
A l'E., l'Autriche et la Russie.

Vue de Fribourg et de son pont suspendu. (Suisse.)

**55.** Divisions. L'Allemagne forme un Empire fédéral divisé en 25 États, dont la Prusse est le plus important.

**56.** États. — Capitales. — Les 25 États qui forment l'Empire allemand se divisent en : 4 royaumes, 6 grands-duchés, 4 duchés, 8 principautés et 3 villes libres.

**57.** Les quatre royaumes sont :

Le Royaume de Prusse. (Voir n^os 59, 60, 61.)

Le Royaume de Saxe, au S. de la Prusse, capitale *Dresde* sur l'Elbe.

Le Royaume de Bavière, au S. O. du précédent, capitale *Munich*.

Le Royaume de Wurtemberg, à l'O. du précédent, capitale *Stuttgart*.

Les six grands-duchés : — de Bade à l'O. du Wurtemberg, capitale *Carlsruhe* ; — de Hesse-Darmstadt au N. E. du précédent, capitale *Darmstadt* ; — de Saxe-Weimar à l'E., capitale *Weimar* ; — de Mecklembourg-Strelitz et Mecklembourg-Schwerin au N., qui portent le nom de leurs capitales, — et enfin d'Oldenbourg à l'O. du précédent, capitale *Oldenbourg*.

Les quatre duchés : de Brunswick, capitale *Brunswick*, — de Saxe-Cobourg-Gotha, capitale *Cobourg*, — de Saxe-Meiningen et de Saxe-Altenbourg, capitales *Meiningen* et *Altenbourg*.

Les huit principautés : de *Lippe-Detmold*, de *Schaumbourg-Lippe*, de *Waldeck*, de *Schwarzbourg-Rudolstadt*, *Schwarzbourg-Sondershausen*, de *Reuss-Greitz*, *Reuss-Schleitz* et d'*Anhalt*.

Les trois villes libres de BRÊME, de HAMBOURG et de LUBECK.

**58. Population. religion, gouvernement.** — L'empire allemand possède une population de plus de 41 millions d'habitants, dont 26 millions appartiennent à la Prusse et 2 300 000 à la Saxe, 4 800 000 à la Bavière. Le protestantisme est la religion dominante. Chaque État conserve son gouvernement particulier pour les questions intérieures ; mais l'armée, la marine et les relations extérieures sont placées sous la direction de la Prusse. Les affaires générales sont traitées dans une assemblée élue par le suffrage universel.

---

## PRUSSE.

**59.** BORNES. — La Prusse a pour bornes :

Au N., la Baltique, le Mecklembourg, le Danemark et la mer du Nord ;

A l'O., les Pays-Bas, la Belgique et la France ;

Au S., la France, la Hesse, la Bavière, la Saxe et l'Autriche ;

A l'E., la Russie.

CAPITALE. — *Berlin*, sur la *Sprée*, rivière qui se jette dans l'Elbe.

VILLES REMARQUABLES. — A l'O., *Cologne*, sur le Rhin, la ville la plus importante du grand-duché du Bas-Rhin ;

Au S., *Breslau*, sur l'Oder, la seconde ville du royaume par sa population ;

Au N. E., *Dantzig*, près de l'embouchure de la Vistule, le principal port du royaume ; *Kœnigsberg*, au N. E. de Dantzig, ancienne capitale de la Prusse proprement dite, ou *Prusse royale* ;

A l'O., *Hanovre*, *Cassel* et *Nassau*, capitales du royaume et de deux duchés conquis en 1866 ;

Au N., *Schleswig* et *Kiel* dans le Schleswig-Holstein, conquis en 1865 ;

Au S., *Francfort-sur-le-Mein*, ancienne capitale de la Confédération Germanique, conquise en 1866;

Au S. O., *Strasbourg* et *Metz*, capitales des provinces d'Alsace et de Lorraine, conquises sur la France en 1870 et 1871.

**60. Iles.** — La Prusse possède dans la mer Baltique trois îles, savoir : *Wollin, Uzedom,* entre les embouchures de l'Oder, et *Rugen*, au N. O. des précédentes.

**61 Étendue, population, religions, gouvernement** — Les États Prussiens, depuis les conquêtes de 1866 et 1871, occupent une superficie de 3500 myriamètres carrés. et renferment une population de plus de 26 millions d'habitants, dont 19 millions environ sont luthériens ou calvinistes, et plus de 7 millions et demi catholiques. La Prusse n'a pris rang parmi les royaumes de l'Europe que depuis le commencement du siècle dernier : mais depuis 1866 elle est devenue entièrement prépondérante en Allemagne. Son gouvernement est une monarchie représentative.

**62. Étendue, population, religion de l'Allemagne en général.** — L'Allemagne prise dans son entier comprend, avec les récentes conquêtes de la Prusse, une étendue d'environ 7000 myriamètres carrés et une population de plus de 41 millions d'habitants, dont les trois quarts sont protestants et un quart catholiques.

**Climat et productions.** — Le climat de l'Allemagne est froid et humide dans le nord, couvert en grande partie de landes et de marécages; le centre et le midi sont entrecoupés de montagnes, de vallons très-fertiles et d'immenses forêts, dont la plus célèbre est la *Forêt-Noire*, dans le grand-duché de Bade et le Wurtemberg.' La température y est généralement douce et salubre. Les bords du Rhin produisent des vins estimés. Les montagnes du centre, parmi lesquelles on distingue celles du *Harz*, au S. E. du Hanovre, sont riches en métaux de toute espèce, et particulièrement en argent et en plomb ; celles du *Erz*. qui séparent le royaume de Saxe de l'empire d'Autriche, recèlent d'abondantes mines d'un fer excellent que les Allemands ont l'art de travailler avec une rare perfection. Toutes ces montagnes renferment aussi un grand nombre de pierres pré-

cieuses, telles que des topazes, des agates, des améthystes et du
cristal de roche.

---

## AUTRICHE-HONGRIE.

**63.** BORNES. — L'empire d'Autriche - Hongrie se
compose de plusieurs royaumes et États qui ont pour
bornes :

Au N., la Russie, la Pologne, la Prusse et la Saxe ;
A l'O., la Bavière et la Suisse ;
Au S., l'Italie, la mer Adriatique et la Turquie ;
A l'E., la Turquie et la Russie.

CAPITALE. — *Vienne*, sur le Danube, la plus grande
ville de l'Allemagne.

VILLES REMARQUABLES. — Au N., *Prague*, au centre
du royaume de *Bohême*, dont elle est la capitale ;

Au N. E., *Léopold* ou *Lemberg*, capitale de la partie
de la Pologne qui a été réunie à l'Autriche (45);

Au S., *Trieste*, sur l'Adriatique, port très-commerçant, et la plus grande ville du royaume d'*Illyrie* ;

A l'E., *Bude* ou *Ofen*, sur la rive droite du Danube, capitale du royaume de *Hongrie*. Elle communique par un pont de bateaux avec *Pesth*, située sur la
rive gauche du Danube, et la ville la plus considérable
de la Hongrie, dont l'ancienne capitale est *Presbourg*,
sur le Danube.

ILES. — Les *îles Illyriennes*, répandues en très-
grand nombre dans la mer Adriatique, le long de la
côte du royaume d'Illyrie, dont elles dépendent, sont
les seules îles qui appartiennent à l'Autriche.

---

**64. Étendue, population, religions, gouvernement. —**
L'empire d'Autriche occupe une superficie de 6200 myriamètres

carrés, avec une population de 36 millions d'habitants. Cette vaste monarchie se compose de plusieurs parties tout à fait distinctes, qui sont, outre l'*Autriche* proprement dite, le royaume de *Bohême*, le royaume de *Hongrie*, les royaumes de *Slavonie* et de *Croatie*, la principauté de *Transylvanie*, le royaume de *Galicie*, formé d'une partie de la Pologne, le royaume d'*Illyrie* et celui de *Dalmatie*. L'empereur et la majeure partie des habitants sont catholiques; mais on trouve aussi beaucoup de grecs et de protestants. Le gouvernement est une monarchie représentative.

**65. Climat et productions** — L'empire d'Autriche est une des plus belles contrées de l'Europe, une des plus fertiles en grains, en vins renommés, parmi lesquels on distingue celui de *Tokaï*, en Hongrie, et la plus riche en mines de toute espèce. De hautes montagnes en couvrent la partie méridionale. Là température y est douce et salubre.

# EUROPE MÉRIDIONALE.

## PORTUGAL.

**66.** BORNES. — Le Portugal a pour bornes :

Au N., )
A l'E., } l'Espagne;

A l'O., )
Au S., } l'Océan Atlantique.

CAPITALE. — *Lisbonne*, excellent port, à l'embouchure du Tage.

VILLE REMARQUABLE. — Au N., *Porto*, ou *Oporto*, port très-commerçant, à l'embouchure du Douro, la seconde ville du royaume, renommée par ses vins.

**67. Étendue, population, religion, gouvernement.** —

Bude, capitale de la Hongrie.

Le Portugal a environ 893 myriamètres carrés et 4 millions d'habitants, professant presque tous la religion catholique. Le gouvernement est une monarchie constitutionnelle.

**Climat, productions.** — Le Portugal jouit d'un climat doux et sain, favorable à la culture de la vigne, de l'oranger, du citronnier. Le sol, entrecoupé de montagnes, de collines et de belles vallées, est généralement fertile, mais il est mal cultivé.

**Possessions lointaines.** — Le Portugal possède en Asie (116), dans l'Océanie (245), et surtout en Afrique (155, 158, 165, 171) de nombreuses possessions.

----

# ESPAGNE.

**68.** BORNES. — L'Espagne a pour bornes :

Au N., les Pyrénées et l'Atlantique ;
A l'O., l'Atlantique et le Portugal ;
Au S., le détroit de Gibraltar et la Méditerranée ;
A l'E., la Méditerranée.

CAPITALE. — *Madrid*, au centre, sur le *Mançanarès*, petit ruisseau qu'on y passe sur un pont magnifique.

VILLES REMARQUABLES. — A l'E., *Barcelonne*, port sur la Méditerranée, la seconde ville de l'Espagne ; *Valence*, près de la Méditerranée, ancienne capitale d'un royaume ;

Au S., *Cordoue*, *Séville* et *Grenade*, qui furent aussi capitales de royaumes ; *Cadix*, port très-commerçant sur la Méditerranée. La ville est située sur une petite île très-fortifiée, et fut prise par les Français en 1823.

ILES. — L'Espagne possède en Europe :

*Mayorque,*
*Minorque,* } situées vis-à-vis la côte orientale,
*Iviça,* dans la Méditerranée.

**69.** GIBRALTAR, situé au S. de l'Espagne, sur le détroit qui porte son nom, est une forteresse imprenable sur un rocher de 460 mètres de haut. Elle appartient aux Anglais.

**70. Étendue, population, religion, gouvernement.** — L'Espagne a une superficie de 5070 myriamètres carrés, et une population de 16 millions et demi d'habitants qui professent tous la religion catholique, la seule qui soit tolérée dans ce royaume. Le gouvernement est une monarchie représentative.

**Climat, productions.** — L'Espagne, traversée en tous sens par de hautes chaînes de montagnes, jouit, pour cette raison, d'une température moins chaude que celle qu'elle devrait éprouver d'après sa position ; cependant les côtes méridionales sont exposées à de grandes chaleurs, et même aux funestes effets d'un vent brûlant d'Afrique nommé le *solano*. Le sol, mal cultivé, supplée par sa fertilité à la paresse des habitants, et donne les mêmes productions qu'en Portugal. Les riches mines d'or et d'argent, d'où les Carthaginois et les Romains tirèrent d'immenses trésors, sont à peine connues et exploitées ; mais le fer, le plomb, le cuivre et les marbres précieux s'y trouvent encore en abondance. La laine fine des moutons *mérinos* ou voyageurs, la soie et les vins y sont aussi d'importants objets de commerce.

**Possessions lointaines.** — Ce peuple, qui découvrit et conquit le nouveau monde, n'y possède plus aujourd'hui qu'une faible partie des contrées soumises autrefois à sa domination (205, 206, 213) ; il faut y ajouter quelques possessions en Afrique (150, 151) et dans l'Océanie (242, 258).

## ITALIE.

**71.** BORNES. — L'Italie a pour bornes :

Au N., l'Allemagne et la Suisse ;

A l'O., la France et la Méditerranée ;

Au S., la mer Ionienne ;

A l'E., la mer Adriatique et l'Autriche.

**72.** Division.— Le royaume d'Italie, qui s'étend aujourd'hui sur toute la péninsule, renferme un petit État indépendant, la *république de Saint-Marin* au N. E.; il possède Rome, capitale de la catholicité et *résidence du Pape*. Il se divise en 72 gouvernements ou départements.

Capitale. — La capitale du royaume d'Italie est *Rome*, au centre, ancienne capitale du monde, célèbre par ses monuments, dont les ruines sont encore admirables; le siége du parlement est *Florence*, plus au Nord, belle ville sur l'Arno, ancienne capitale du grand-duché de Toscane.

Villes remarquables. — Au N., *Turin*, ancienne capitale du royaume de Sardaigne. — *Gênes*, beau port sur le golfe auquel elle a donné son nom. — *Milan*, capitale de la Lombardie. — *Venise*, bâtie sur 60 îles de la mer Adriatique, ancienne capitale de la Vénétie.

Au centre, *Parme* et *Modène*, anciennes capitales des duchés qui portaient leur nom. — *Bologne*, célèbre université et la principale ville des Romagnes.

Au S., *Naples* possède un beau port dans une situation magnifique, ancienne capitale du royaume des Deux-Siciles, et la ville la plus considérable de l'Italie. — *Palerme*, dans l'île de Sicile dont elle est la capitale.

**73.** Iles. — Les îles qui dépendent du royaume d'Italie sont dans la Méditerranée, outre la *Sicile*, la *Sardaigne* à l'O., capitale *Cagliari*. L'île d'*Elbe*, célèbre par le séjour de Napoléon, au N. E., sur les côtes de la Toscane. — Et au S. les îles *Lipari*, groupe volcanique, situe entre l'Italie et la Sicile.

Ruines du Colisée à Rome.

**74.** Groupe de Malte. — On doit encore citer parmi les îles voisines de l'Italie, le groupe auquel l'île de *Malte* donne son nom, situé au S. de la Sicile et appartenant à l'Angleterre ; *La Valette* est la capitale de Malte.

**75. — RÉSIDENCE DU PAPE.** — Les provinces qui composaient les États de l'Église ayant été successivement toutes réunies au royaume d'Italie, la souveraineté du Pape a été réduite à l'*Église Saint-Pierre* et au *Palais du Vatican*, élevés dans la partie de Rome située au delà du Tibre et qui se nomme le *Transtevère*.

**76.** République de Saint-Marin. — La petite république de *Saint-Marin* qui porte le nom de sa capitale est peuplée de 7000 habitants, elle est enclavée dans le royaume d'Italie au S. E. de Bologne.

**77. Notions historiques.** — Le royaume d'Italie qui comprend aujourd'hui la totalité de la péninsule s'est formé du royaume de Sardaigne successivement agrand depuis 1859, par la cession du *Milanais* conquis par les Français sur l'Autriche à la suite des victoires de Magenta et Solferino, par l'annexion des duchés de *Toscane*, *Parme* et *Modène*, d'une partie des *Provinces Pontificales*, et enfin du *royaume des Deux-Siciles*, en 1860; puis par la réunion de la *Vénétie* cédée par l'Autriche en 1866, et enfin par la conquête de *Rome* et des *trois provinces* voisines en 1870.

**78. Étendue et population de l'Italie.** — L'Italie, avec les îles qui en dépendent, a une superficie de 2960 myriamètres carrés, et une population de 26 millions d'habitants.

**Religion, gouvernement.** — La presque totalité des habitants de l'Italie est catholique. Le gouvernement du royaume italien est une monarchie représentative, celui de Saint-Marin est républicain.

**Climat, productions.** — L'Italie est la contrée de l'Europe qui jouit du climat le plus riant et le plus serein. Le sol y est agréablement diversifié par la chaîne de l'*Apennin*, qui la traverse dans toute son étendue. Le nord, entouré de hautes montagnes qui donnent naissance à une multitude de lacs et de rivières, est la partie la moins chaude ; mais c'est la plus fertile. Plus au sud, croissent l'olivier, le citronnier, le pistachier, le grenadier, le cotonnier et la canne à sucre. Entre Rome et Naples se trouvent les cantons malsains appelés *Marais Pontins*. Enfin la partie méridionale, couverte en partie de montagnes et de forêts, et mal cultivée, quoique fertile, est sujette aux tremblements de terre.

---

## TURQUIE. — ROUMANIE. — SERVIE.

**79. Bornes.** — La Turquie européenne a pour bornes :

Au N., la Russie et l'Autriche ;

A l'O., l'Autriche et l'Adriatique ;

Au S., la Grèce, l'Archipel et la mer de Marmara ;

A l'E., le canal de Constantinople et la mer Noire.

**Capitale.** —*Constantinople*, sur le détroit de ce nom.

**Villes remarquables.** — Au N., *Belgrade*, sur le Danube, ville très-forte, est la capitale de la *Servie*, qui, ainsi que le *Montenegro* situé plus au Sud, est seulement tributaire de la Turquie.

*Boukharest*, capitale des deux provinces de Moldavie et de Valachie, lesquelles, réunies aujourd'hui sous le nom de *Roumanie*, forment également un état tributaire de l'empire ottoman ;

Vers le centre, *Andrinople*, ancienne capitale de la Turquie ; *Salonique*, port très-commerçant sur le golfe de son nom.

**Iles.** — La Turquie possède, dans le N. de l'Archipel, quelques petites îles, dont les plus remarquables sont : *Tasso, Samotraki, Imbro, Stalimène*.

Au S. de l'Archipel se trouve la grande île de *Can-*

*die*, ou de *Crète*; les capitales de toutes ces îles portent les mêmes noms qu'elles.

**80. Notions diverses sur la Turquie.** — La Turquie d'Europe paraît renfermer, en y comprenant les îles qui en dépendent, 5159 myriamètres carrés, et environ 16 millions et demi d'habitants, dont un tiers seulement, réuni dans les provinces centrales et orientales, appartient à la religion mahométane; presque tout le reste, à l'exception d'un nombre peu considérable de catholiques romains et de juifs, fait partie de l'Église grecque. Le gouvernement de ce pays est absolu, sous un souverain appelé *Padischah*, et que nous nommons aussi le *sultan*, ou le *Grand Seigneur*. Des réformes opérées depuis le dernier règne ont momentanément arrêté la décadence qui frappait l'empire turc. Aujourd'hui, sous l'influence de la civilisation européenne, l'agriculture et l'industrie sont appelées dans ce pays à un avenir magnifique, grâce à la richesse de son sol et à la position qu'il occupe entre l'Europe, l'Asie et l'Afrique.

## GRÈCE ET ILES IONIENNES.

**81. BORNES.** — La Grèce a pour bornes :

Au N., la Turquie ;
A l'O., la mer Ionienne ;
Au S., la Méditerranée ;
A l'E., l'Archipel.

CAPITALE. — *Athènes*, dans une presqu'île située au S. E., l'une des villes les plus célèbres de l'antiquité, par sa civilisation et ses beaux monuments, parmi lesquels le Parthénon, temple placé dans l'Acropole, est considéré comme le chef-d'œuvre de l'architecture grecque.

VILLES REMARQUABLES. — A l'O., *Patras*, près du golfe qui porte son nom ;

Au S. O., *Navarin*, port sur la mer Ionienne, célèbre par la victoire navale que les Français, les An-

Ruines de l'Acropole et du Parthénon à Athènes, capitale de la Grèce.

glais et les Russes y remportèrent, en 1827, sur les Turcs et les Égyptiens;

A l'E., *Nauplie*, port qui a été quelque temps le siége du gouvernement; *Corinthe*, sur l'isthme qui joint la Morée à la Grèce.

**82. Iles.** — A la Grèce appartiennent :

1° *Nègrepont*, grande île, séparée du continent par un détroit fort resserré sur lequel on a jeté un pont;

2° Les *îles Ioniennes*, situées sur les côtes occidentale et méridionale de la Grèce. Elles formaient une république sous la protection de l'Angleterre qui les a cédées à la Grèce. — On en compte 7 principales, qui sont, du N. au S. :

*Corfou*, avec une capitale du même nom; *Paxo, Sainte-Maure, Theaki*, ancienne Itaque, patrie d'Ulysse; *Céphalonie*, la plus grande des îles Ioniennes; *Zante, Cérigo*, l'ancienne Cythère, au S. de la Morée.

3° Un grand nombre de petites îles, parmi lesquelles on remarque : *Hydra*, sur la côte de Morée, les *Cyclades*, dans la partie méridionale de l'Archipel.

**83. Notions diverses sur la Grèce.** — La Grèce, en y comprenant les iles qui lui appartiennent, a une superficie que l'on peut évaluer à 501 myriamètres carrés; mais sa population, très affaiblie par les malheurs d'une guerre longue et désastreuse, ne dépasse pas 1 350 000 habitants, partagés également entre l'Église grecque, qui est dominante, et l'Église romaine Le gouverne ment de la Grèce est monarchique représentatif, et a pour chef un prince du Danemark, qui en a été reconnu roi en 1863. La fertilité du sol de ce pays, l'activité et l'aptitude des Grecs pour le commerce et la navigation, promettent une haute prospérité à cet État, si un gouvernement sage sait un jour en cicatriser les plaies. On jouit dans les iles d'un printemps presque perpétuel. Le sol, généralement rocailleux et aride, produit des oliviers, des citronniers, des orangers, des figuiers et de la vigne.

# ASIE.

**84. Notions générales.** — L'Asie occupe toute la portion orientale de l'ancien continent. Elle est la plus grande des cinq parties du monde et celle qui renferme le plus d'habitants.

Bornes. — L'Asie a pour bornes :

Au N., l'Océan Glacial Arctique ;

A l'O., le fleuve Kara, la chaîne des monts Poyas ou Ourals, le fleuve Oural, la mer Caspienne, la chaîne du Caucase, la mer Noire, le détroit de Constantinople, la mer de Marmara, le détroit des Dardanelles, l'Archipel, la Méditerranée, l'isthme de Suez et le golfe Arabique ;

Au S., la mer des Indes ;

A l'E., le Grand Océan et les mers qu'il forme.

**85. Étendue, climat et productions de l'Asie.** — L'Asie, en y comprenant les îles qui en dépendent, occupe une superficie évaluée à environ 420 000 myriamètres carrés ; mais elle renferme de vastes déserts, dont le plus remarquable est celui qu'on nomme *Gobi* ou *Chamo*, et qui occupe, au centre, une plaine immense et fort élevée, où l'hiver est long et rigoureux, et où l'on trouve rarement quelques traces de végétation. Les régions comprises au N., entre ce plateau et l'Océan Glacial Arctique, sont exposées pendant l'hiver à des froids excessifs, et pendant l'été à des brouillards épais qui nuisent singulièrement à la végétation, qui y est toujours languissante ; celles qui sont situées à l'O. et à l'E. jouissent d'un climat doux et salubre qui favorise la culture des grains de toute espèce, de l'olivier, du cotonnier et des fruits les plus délicieux ; enfin celles qui s'étendent vers le S. et le S. O. ne connaissent que deux saisons : des pluies continuelles ou quelquefois une sécheresse affreuse d'avril à novembre, et un ciel doux et serein pen-

dant le reste de l'année. C'est dans cette partie de l'Asie que la
végétation déploie une magnificence surprenante ; ainsi on y voit
croître le caféier, le dattier et l'encens en Arabie ; le cocotier, l'indi-
gotier et la canne à sucre dans les deux Indes ; le cannellier à Ceylan ; l'arbre à thé dans la Chine, et une foule d'autres plantes
précieuses.

**Population et religions.** — L'Asie, berceau du genre hu-
main, a été aussi le siége des premiers empires ; les arts, les
sciences, presque toutes les religions y ont pris naissance. Sa population est mal connue ; elle peut être évaluée à 715 millions d'habitants, qui se partagent à peu près également entre la race jaune
et la race blanche ; il se trouve aussi quelques nègres dans les iles
du Sud. La population de l'Asie est partagée entre les diverses religions de la manière suivante :

| | |
|---|---:|
| Bouddhisme, au S. E... ..................... | 193 000 000 |
| Brahmanisme, au S........................... | 90 000 000 |
| Mahométisme, au S. O......................... | 75 000 000 |
| Christianisme, à l'O surtout................... | 7 000 000 |
| Religion de Confucius, ⎫ | |
| Culte des esprits,      ⎬ en Chine........... | 345 000 000 |
| Religion de Sinto, au Japon .................. | |
| Sectes diverses et idolâtres................... | 5 000 000 |
| Juifs ....................................... | 650 000 |
| | 715 650 000 |

**86. Divisions de l'Asie.** — L'Asie se divise en 11
parties principales, savoir :

| | |
|---|---|
| 1 au nord. | La Russie d'Asie. |
| 2 à l'ouest. | La Turquie d'Asie. |
| | L'Arabie. |
| 4 au centre. | Le Turkestan. |
| | La Perse. |
| | L'Afghanistan. |
| | Le Béloutchistan. |
| 2 au sud. | L'Hindoustan. |
| | L'Indo Chine. |
| 2 à l'est. | La Chine. |
| | Le Japon. |

**87. Iles.** — Parmi les îles de l'Asie, les principales sont celles qui forment l'empire du Japon, et qui sont situées dans le Grand Océan, sur la côte orientale de l'Asie. Outre cet important archipel, on peut citer encore :

*Tarrakaï* ou *Sahkalian*, au N. du Japon ;

*Ceylan*, dans la mer des Indes, à la pointe de l'Hindoustan ;

*Haï-nan*, dans la mer de la Chine ;

*Formose*, dans le Grand Océan.

**88. Mers qui baignent l'Asie.** — Outre la mer Caspienne, la mer Noire, la mer de Marmara, l'Archipel et la Méditerranée, que nous avons nommées comme servant à former une partie des bornes occidentales de l'Asie (85), le Grand Océan, qui en baigne la côte orientale, forme sur cette côte les 6 mers suivantes, savoir, du N. au S. :

La mer de *Behring*, entre l'extrémité orientale de la Sibérie et la presqu'île du Kamtschatka (93) à l'O., et l'Amérique septentrionale à l'E. ;

La mer d'*Okhotsk*, entre la Sibérie à l'O., et le Kamtschatka à l'E. La partie méridionale de cette mer, comprise entre la grande île nommée *Tarrakaï* et la chaîne des îles *Kouriles*, prend aussi quelquefois le nom de mer de *Tarrakaï* ou des *Kouriles* :

La mer du *Japon*, entre la Mantchourie, province de l'empire Chinois, au N. O., et les îles qui composent l'empire du Japon à l'E. ;

La mer *Jaune*, }
La mer *Bleue*, { à l'E. de la Chine ;

La mer de la *Chine*, au S. E. de la Chine et de l'Indo-Chine.

**89. Golfes.** — Les mers de l'Asie forment sur ses côtes 9 golfes principaux, savoir :

1 formé par l'Océan Glacial Arctique, c'est :

Le golfe de l'*Obi*, à l'embouchure du fleuve du même nom, sur la côte septentrionale de la Sibérie.

3 formés par des parties du Grand Océan, qui sont :

Le golfe d'*Anadir*, formé par la mer de Behring, à l'E. de la Sibérie ;

Le golfe de *Tonkin*, } formés par la mer de la Chine au S. E.
Le golfe de *Siam*. { de l'Indo-Chine.

5 formés par la mer des Indes, qui sont :

Le golfe du *Bengale*, entre l'Hindoustan et l'Indo-Chine ;
Le golfe d'*Oman*, entre l'Arabie et l'Hindoustan ;
Le golfe *Persique*, formé par le golfe d'Oman, entre l'Arabie et
la Perse ;
Le golfe d'*Aden*, formé par le golfe d'Oman, entre l'Arabie et
l'Afrique ;
Le golfe *Arabique*, nommé aussi la *mer Rouge*, formé par le
golfe d'Aden, et qui sépare à l'E. l'Arabie de l'Afrique.

**90. Détroits.** — Outre les détroits de *Constantinople* et des
*Dardanelles*, dont nous avons parlé plus haut (25), on doit encore
remarquer en Asie 6 détroits principaux, savoir :

Le détroit de *Bab-el-Mandeb*, qui fait communiquer le golfe
d'Aden avec le golfe Arabique, entre l'Arabie et l'Afrique ;
Le détroit d'*Ormouz*, qui fait communiquer le golfe d'Oman
avec le golfe Persique, entre l'Arabie et la Perse ;
Le détroit de *Malakka*, qui fait communiquer la mer des Indes
avec le Grand Océan, entre la presqu'île de Malakka, dans
l'Indo-Chine, et l'île de Sumatra, dans l'Océanie ;
La *Manche de Tarrakaï*, entre la Mandchourie russe et l'île
de Tarrakaï (88) ;
Le détroit de *La Peyrouse*, qui fait communiquer la mer du
Japon avec celle de Tarrakaï, entre l'île de ce nom et l'île
d'Iesso, une de celles du Japon ;
Le détroit de *Behring*, qui fait communiquer la mer de Behring
(88) avec l'Océan Glacial Arctique, entre l'Asie et l'Amérique
septentrionale.

**91. Fleuves.** — Les fleuves de l'Asie, au nombre de 12 principaux, se distribuent de la manière suivante entre les mers qui en
baignent les côtes :

3 tombent dans l'Océan Glacial Arctique, savoir :

La *Léna*,
L'*Iénisséi*,   } qui arrosent la Sibérie.
L'*Obi*,

5 tombent dans la mer des Indes, savoir :

1 par le golfe Persique, c'est

Le *Chot-el-Arab*, formé par la réunion de l'*Euphrate* et du *Tigre*,
qui arrosent la Turquie d'Asie ;

1 par le golfe d'Oman, c'est

Le *Sind* ou *Indus*, qui arrose l'Afghanistan et le N. O. de l'Hindoustan ;

3 par le golfe de Bengale, savoir :

Le *Gange*, { qui arrosent le N. E. de l'Hindou-
Le *Brahmapoutre*, { stan ;
L'*Iraouaddy*, qui arrose le Tibet et l'Indo-Chine.

1 tombe dans la mer de Chine, c'est

Le *Me-kong*, nommé aussi *Cambodge*, qui vient du Tibet et traverse l'Indo-Chine du N. O. au S. E.

3 tombent dans le Grand Océan, savoir :

1 par la mer Bleue, c'est

Le fleuve *Bleu* ou *Yang-tseu-kiang*, qui arrose la Chine ;

1 par la mer Jaune, c'est

Le fleuve *Jaune* ou *Hoang-ho*, qui arrose aussi la Chine ;

1 par la mer d'Okhotsk, c'est

L'*Amour* ou *Sakhalian-oula*, qui arrose la Mongolie et la Mandchourie, chinoise et russe, et se jette dans la Manche de Tarrakaï.

**92. Lacs.** — Les lacs sont nombreux en Asie : outre la *mer Caspienne*, que nous avons déjà indiquée (14) comme le plus grand des lacs du monde, nous citerons encore les 2 plus considérables après elle, qui sont :

Le lac d'*Aral*, nommé quelquefois aussi *mer d'Aral*, à cause de son étendue, dans le Turkestan ;
Le lac *Baïkal*, au S. de la Sibérie ;
Le petit lac *Asphaltite*, appelé encore la *mer Morte*, au S. E. de la Turquie d'Asie, mérite aussi d'être nommé, non en raison de son étendue, qui est fort peu considérable, mais à cause de son antique célébrité.

**93. Presqu'îles.** — On distingue en Asie 7 presqu'îles, dont 4 grandes et 3 moins considérables.

Les 4 grandes sont :

L'*Anatolie*, entre la mer Noire au N., le canal de Constantinople, la mer de Marmara, le détroit des Dardanelles et l'Archipel à l'O., et la Méditerranée au S. ;
L'*Arabie*, entre la mer Rouge et le détroit de Bab-el-Mandeb à l'O., le golfe d'Aden au S., le golfe d'Oman, le détroit d'Ormour et le golfe Persique à l'E. ;
L'*Hindoustan*, entre le golfe d'Oman au S. O., et le golfe du Bengale au S. E. ;
L'*Indo-Chine*, entre le golfe du Bengale au S. O., et la mer de la Chine à l'E.

Les trois petiles presqu'îles sont :

La presqu'île de *Malakka*, entre le détroit de Malakka au S. O., la mer de la Chine et le golfe de Siam à l'E. ;
La *Corée*, entre la mer Jaune au S. O., et celle du Japon au N. O. ;
Le *Kamtschatka*, entre la mer d'Okhotsk au S. O., et celle de Behring au N. E.

**94. Caps.** — Les principaux caps de l'Asie sont au nombre de 6, savoir :

Le cap *Oriental*, au N. E. de la Sibérie ;
Le cap *Sévéro-Vostochnoï*, au N. du même pays ;
Le cap *Fartash*,
Le cap *Ras-al-Gate*. } au S. E. de l'Arabie ;
Le cap *Comorin*, au S. de l'Hindoustan ;
Le cap *Romania*, au S. de l'Indo-Chine.

**95. Montagnes.** — Outre les chaines des monts *Poyas* ou *Ourals* et du *Caucase*, dont nous avons déja parlé (31), on en remarque en Asie 9 principales, savoir :

Le *Taurus*, dans la Turquie d'Asie ;
Les monts *Alaydim*,
Les monts *Altaï*,           } au N., entre la Sibérie et l'empire Chinois ;
Les monts *Stanovoy*,
Les monts *Bolour*,
Les monts *Hindou-Kho*,      } au centre, entre le Turkestan et l'empire Chinois ;
Les monts *Kouen-lou*,
Les monts *Himalaya*, au S. E. de l'empire Chinois, sur la limite de l'Hindoustan ;
Les *Ghattes*, le long de la côte occidentale de l'Hindoustan.

Deux circonstances notables rendent particulièrement remarquables les montagnes de l'Asie. La première, c'est qu'elles soutiennent de toutes parts le vaste plateau que nous avons dit (85) exister au centre de cette partie du monde ; la seconde, c'est qu'elles renferment les plus hauts sommets qui soient sur le globe ; ils se trouvent dans la chaîne des monts Himalaya ou Himaléh, dont le nom signifie *Séjour de la neige*. Le *Kanchinginga*, leur plus haut sommet connu, dépasse 8900 mètres d'élévation au-dessus du niveau de la mer ; tandis que les plus hautes montagnes de la chaîne des Andes en Amérique atteignent à peine 7695 mètres, et le Mont-Blanc, le plus élevé de l'Europe, 4800 mètres.

## RUSSIE D'ASIE.

**96.** Bornes. — La Russie d'Asie a pour bornes :

Au N., l'Océan Glacial Arctique et la Russie d'Europe ;

A l'O., les monts Ourals et ia mer Noire ;

Au S., la Turquie d'Asie, la Perse, le Turkestan indépendant et l'empire chinois ;

A l'E., les mers du Japon, d'Okhotsk et de Behring, le détroit de Behring.

Divisions. — La Russie d'Asie est divisée en trois parties : la *Sibérie*, qui occupe le N. de l'Asie, la *Russie du Caucase*, à l'O., et le *Turkestan Russe* au S.

Villes remarquables. — A l'O., *Tobolsk*, capitale de la Sibérie.

Au S., *Irkutsk*, près du lac Baïkal.

A l'E , *Okhotsk*, port et chantier de construction sur la mer de son nom ;

*Nicola jerosk*, arsenal à l'embouchure du fleuve Amour dans le détroit de Tarrakaï ;

Au S. O., *Tiflis*, sur le Kour, capitale de la région du Caucase.

Iles. — Les îles de la *Nouvelle-Sibérie*, les *Kouriles* et la grande île de *Tarrakaï*, appelée aussi *Sakhalian*, longue de 940 kilomètres et séparée du continent par un canal fort étroit dans certaines de ses parties, nommé souvent *Manche de Tartarie*, et mieux de *Tarrakaï*, appartiennent à la *Nouvelle-Sibérie*.

**97. Notions diverses.** — La Russie asiatique occupe plus de 150 000 myriamètres carrés ; mais elle n'a guère que 9 millions d'habitants, en partie russes et chrétiens grecs, et le reste appartenant à des peuples sauvages et idolâtres. Tout le nord est couvert de marais presque toujours glacés et de déserts immenses ; le midi est très-fertile. Les belles fourrures sont le principal objet du commerce de ce pays.

---

## TURQUIE.

**98.** Bornes. — La Turquie d'Asie a pour bornes :

Au N., la Russie et la mer Noire ;

A l'O., le canal de Constantinople, la mer de Marmara, le détroit des Dardanelles, l'Archipel et la Méditerranée ;

Au S., l'Arabie ;

A l'E., la Perse.

Villes remarquables. — A l'O., *Smyrne*, sur l'Archipel, le port le plus commerçant de la Turquie, détruite en grande partie par un incendie en 1841 ;

A l'E., *Bagdad*, sur le Tigre, une des villes les plus commerçantes de l'Asie ;

Au S., *Alep*, sujette aux tremblements de terre ; *Damas*, la ville la plus considérable et la plus industrieuse de la Turquie d'Asie ; *Jérusalem*, non loin de la mer Morte, ancienne capitale de la *Palestine*, où se sont accomplis les principaux mystères de la religion chrétienne.

**99.** Iles. — La Turquie possède en Asie un assez grand nombre d'îles, répandues sur les côtes des mers qui l'entourent, savoir :

1° Dans la mer de *Marmara*, l'île qui lui donne son nom ;

2° Dans l'Archipel, de nombreuses îles, dont les plus considérables sont : *Mételin*, *Scio* et *Samo*;

3° Dans la Méditerranée, les îles de *Rhodes*, à l'O.,

Jérusalem.

et de *Chypre*, à l'E. Cette dernière, la plus considérable de toutes, a pour capitale *Nicosie*.

**100 Notions diverses.** — La Turquie d'Asie a une étendue de 12350 myriamètres carrés et une population d'environ 15 millions d'habitants, dont une partie professe la religion chrétienne, et le plus grand nombre celle de Mahomet. Cette contrée, une des plus belles de l'univers, a été le siége de puissants empires : Troie, Ninive, Babylone, Sidon, Tyr, Jérusalem, Antioche, Bagdad, et une foule d'autres villes célèbres, s'y distinguèrent par leur puissance, leurs richesses et leur population. Ce pays, avec un sol d'une incomparable fertilité, un climat dont la douceur et la variété favorisent la culture des plantes les plus précieuses et les plus diverses, la position la plus avantageuse entre l'Europe, l'Asie et l'Afrique, qui feraient de ces belles contrées le premier empire du monde, commence seulement à peine à sortir de la longue léthargie dans laquelle il avait été plongé depuis les invasions barbares, et à participer au bien-être de la civilisation.

---

## ARABIE.

**101. Bornes.** — L'Arabie a pour bornes :

Au N., la Turquie d'Asie;

A l'O., la mer Rouge;

A l'E., les golfes d'Aden et d'Oman;

Au S., le golfe d'Oman, le détroit d'Ormouz et le golfe Persique.

Villes remarquables. — A l'O., la *Mekke*, patrie de Mahomet, dont le tombeau se voit à *Médine*, villes situées l'une et l'autre dans la province nommée *Hedjaz*, terre sainte des mahométans qui fait partie de l'empire de Turquie;

Au S., *Sana*, capitale de la province d'*Yémen*, où l'on trouve encore *Moka*, célèbre par le café qu'on en exporte, et *Aden*, qui donne son nom au golfe sur lequel elle est située : cette dernière est aujourd'hui possédée par les Anglais ;

A l'E., *Lahsa*, près du golfe Persique, capitale de la province de l'*Hajar* ; *Maskate*, capitale de la province d'*Oman*, qui donne son nom au golfe voisin, et la ville la plus commerçante de l'Arabie ; elle est la résidence de l'*Iman* ou souverain qui en porte le nom.

*Riad*, au centre, capitale du sultan des Wahabites.

**102. Notions diverses.** — L'Arabie a 28 500 myriamètres carrés ; tout l'intérieur, qui est peu connu, est une région montagneuse et assez peuplée, séparée des côtes par des plaines arides et désertes, immenses mers de sables que les Arabes traversent montés sur leurs chameaux, qu'ils nomment les *vaisseaux du désert*. La facilité avec laquelle ces animaux supportent les privations et surtout la soif, les rend seuls propres aux voyages dans ces contrées, où l'on marche souvent plusieurs jours sans rencontrer une goutte d'eau. Les chevaux arabes, descendant, si l'on en croit leurs maitres, de ceux qui peuplaient les écuries du roi Salomon, ont aussi une grande réputation.

Sur les côtes, le sol est plus fertile ; celui de l'Yémen surtout est d'une telle fécondité, que l'on avait donné à cette contrée le nom d'*Arabie heureuse*. Outre le café, ce pays produit en abondance l'encens, la myrrhe, la gomme, le benjoin, l'indigo, le séné, les dattes. Les pêcheries des côtes du golfe Persique fournissent une grande quantité de perles.

On évalue le nombre des habitants de ce pays à 12 millions ; les uns demeurent dans les villes et villages et les autres errent avec leurs troupeaux dans le désert, où ils rencontrent çà et là quelques cantons propres à les nourrir. Ces nomades, nommés *Bédouins*, suivent ainsi le genre de vie des anciens patriarches, dont ils descendent. Les Arabes sont presque tous de la religion de Mahomet, qui, se donnant pour prophète, commença à prêcher dans les premières années du septième siècle. Vers le milieu du dix-huitième siècle, il s'est élevé dans ce pays une secte puissante qui n'est qu'un mahométisme réformé, dont les partisans, nommés *Wahabites*, dominent sur l'intérieur et l'orient de l'Arabie ; ils tirent leur nom de *Wahab*, père de leur fondateur. — On rencontre aussi en Arabie beaucoup de juifs.

## TURKESTAN.

**103. Bornes.** — Le Turkestan a pour bornes :

Au N., la Sibérie ;

A l'O., la mer Caspienne ;

Au S., la Perse et l'Afghanistan ;

A l'E., l'empire chinois.

**Villes remarquables.** — Au S., *Khokand*, capitale d'un État puissant ; *Boukhara*, la plus grande ville du Turkestan ; *Samarkand*, ville très-commerçante, et qui fut, en 1400, la capitale du grand empire du fameux **Tamerlan** ; *Balkh*, une des villes les plus anciennes de l'Asie.

**104. Notions diverses.** — Le Turkestan est occupe en partie par des plaines de sable mouvant ; il a 35150 myriamètres carrés et 8 millions d'habitants, la plupart mahométans, et qui appartiennent à plusieurs peuplades indépendantes, gouvernées par des princes nommés *Khans*, dont la plus grande partie, ceux des *Kirghiz* entre autres, reconnaissent aujourd'hui la souveraineté de la Russie. A l'O. se trouve la *Turkomanie*, qui fut le berceau des Turcs. La contrée méridionale, nommée la *Grande-Boukharie*, est la plus peuplée et la plus riche du Turkestan. Ses habitants sont industrieux et commerçants. Les montagnes du S. E. renferment des mines d'or, d'argent et de pierres précieuses.

## PERSE.

**105. Bornes.** — La Perse a pour bornes :

Au N., le Turkestan, la mer Caspienne et la Russie ;

A l'O., la Turquie d'Asie ;

Au S., le golfe Persique et le détroit d'Ormouz ;

A l'E., le Béloutchistan et l'Afghanistan.

CAPITALE. — *Téhéran*, résidence d'hiver du souverain.

VILLES REMARQUABLES. — Au centre, *Ispahan*, ancienne capitale, et encore aujourd'hui la plus grande ville de la Perse ;

Au S., *Chiraz*, dans une vallée célèbre par ses vins délicieux.

**106. Notions diverses.** — La Perse a 11 000 myriamètres carrés et 11 millions d'habitants. Ils sont presque tous mahométans *schiites* ou de la secte d'*Ali*, ennemie de celle d'Omar, ou des *sonnites*, à laquelle appartiennent les Turcs. Le souverain, nommé *Schah*, jouit d'une autorité absolue. Ce pays occupe un plateau élevé, dont une partie est couverte par des déserts sablonneux imprégnés de sel, mais où l'on trouve aussi des cantons qui produisent en abondance des fruits délicieux. C'est à ces contrées que nous devons la figue, la pêche, l'abricot, la prune, la mûre, l'amande.

---

# AFGHANISTAN. — CABOUL ET HÉRAT.

**107.** BORNES. — L'Afghanistan, ou pays des *Afghans*, a pour bornes :

Au N., le Turkestan ;

A l'O., la Perse ;

Au S., le Béloutchistan ;

A l'E., l'Hindoustan.

DIVISION ET CAPITALES. — L'Afghanistan, fréquemment bouleversé par des révolutions intérieures, se divise actuellement en deux royaumes, qui portent le nom de leurs capitales : — *Kaboul*, au N., résidence actuelle des souverains afghans ; *Khandahar*, au centre, ancienne capitale de l'Afghanistan ; — *Hérat*, au

N. O., capitale d'un royaume gouverné par un prince indépendant.

**108. Notions diverses.** — L'Afghanistan a environ 5000 myriamètres carrés et 5 millions d'habitants, partagés entre le mahométisme, qui est dominant, et le brahmanisme. Ce pays, dont les souverains ne possèdent qu'une autorité fort précaire, était tombé en grande partie sous l'influence des Anglais ; mais leur domination y a été renversée à la suite des échecs qu'ils y ont éprouvés en 1841. C'est une contrée montagneuse et qui jouit d'une température assez variée : on y trouve, surtout vers le N. E , des plaines fertiles et bien cultivées, où l'on fait deux moissons par an, et où croissent toutes sortes de grains, le coton, la canne à sucre, etc.

---

## BÉLOUTCHISTAN.

**109. BORNES.** — Le Béloutchistan a pour bornes :

Au N., l'Afghanistan ;
A l'O., la Perse ;
Au S., le golfe d'Oman ;
A l'E., l'Hindoustan.

CAPITALE. — *Kélat*, vers le N., ville industrieuse et commerçante.

VILLE REMARQUABLE. — *Gondava*, au S. E. de Kélat, et que l'on dit aussi grande qu'elle.

**110. Notions diverses** — Le Béloutchistan n'est, comme les royaumes dont nous venons de parler, qu'un démembrement du puissant *empire des Afghans*, fondé par Ahmed-Schah au milieu du siècle dernier. C'est un pays mal connu, dont on évalue la superficie à 4300 myriamètres carrés, et la population à 2 millions d'habitants, appartenant à deux peuples principaux, les *Béloutchys*, ou *Baloutches*, et les *Brahouis*, qui sont, comme les Persans, mahométans schiites. Il obéissent à plusieurs chefs ou khans qui reconnaissent l'autorité de celui de Kélat, lequel lui-même reconnaît la suzeraineté de l'Angleterre.

Ce pays est entrecoupé de hautes chaînes de montagnes et de déserts sablonneux ; on y trouve cependant quelques vallées fertiles qui produisent des grains, du coton, de l'indigo, du sucre, des dattes, des amandes, etc.

---

## HINDOUSTAN.

**111. BORNES.** — L'Hindoustan a pour bornes :

Au N., l'empire chinois ;

A l'O., l'Afghanistan, le Béloutchistan et le golfe d'Oman ;

Au S., la mer des Indes ;

A l'E., le golfe du Bengale et l'Indo-Chine.

**DIVISIONS.** — L'Hindoustan peut se diviser en quatre parties, savoir :

Les États indépendants ;

Les Possessions anglaises ;

Les États tributaires ou alliés des Anglais ;

Les Possessions françaises et portugaises.

### 112. États indépendants.

Les États indépendants de l'Hindoustan sont : le *Syndyah*, capitales *Goualior* et *Oudjeïn*; le *Nepaul*, capitale *Katmandou*, et le *Kachmyr*, capitale *Sirinagor*.

### 113. Possessions anglaises.

Elles se divisent en quatre *Présidences*.

**CAPITALE.** — *Calcutta* sur l'*Hougly*, l'une des branches du Gange, chef-lieu de la Présidence du *Bengale*, siége du gouvernement général des Possessions an-

i.

glaises dans l'Hindoustan, entrepôt d'un immense commerce.

VILLES REMARQUABLES. — Au N., *Lucknow*, capitale du royaume d'*Aoude* ; *Delhy*, ville magnifique, ancienne résidence du *Grand Mogol*, qui fut le plus puissant souverain de l'Hindoustan; *Agrah*, chef-lieu d'une des quatre Présidences anglaises ; *Bénarès*, près du Gange, la ville savante de l'Hindoustan, et l'une des plus belles et des plus commerçantes;

Au N. O., *Lahore*, ancienne capitale des *Seïks* ; — *Amretsir*, à l'E. de Lahore, est la ville la plus commerçante du pays des *Seïks;*

Sur la côte occidentale, appelée souvent *côte de Malabar : Surate*, ville forte, manufacturière et qui fait un grand commerce ; *Bombay*, dans une petite île près de la côte, ville forte et port très-commerçant, chef-lieu d'une Présidence anglaise;

Sur la côte orientale, nommée aussi *côte de Coromandel : Madras*, aussi chef-lieu d'une Présidence, et la ville la plus commerçante de cette côte.

### 114. États tributaires ou alliés des Anglais.

VILLES PRINCIPALES. — *Djoudpour, Djeypour* et *Odeypour*, capitales des trois Etats habités par les *Radjpoutes*, peuple peu civilisé et très-belliqueux ; *Baroda* et *Nagpour*, capitales des deux royaumes *Mahrattes ;*

Au centre, *Haïder-Abad*, capitale de l'État du *Nizam*, le plus considérable du centre de l'Hindoustan.

Enfin le *Mysore* ou *Maïssour* au S.

### 115. Possessions françaises.

VILLES REMARQUABLES. — Au N., *Chandernagor*, sur Hougly, au N. de Calcutta ;

Palais de Lahore, ancienne capitale des Seiks.

Au S., *Pondichéry*, bon port sur la côte de Coromandel, chef-lieu des établissements français dans l'Hindoustan.

### 116. Possessions portugaises.

VILLES REMARQUABLES. — Sur la côte occidentale :
*Diu*, forteresse dans l'île du même nom ; *Goa*, au S.,
dans une petite île près de la côte, chef-lieu des Possessions portugaises dans l'Hindoustan.

### 117. Iles voisines de l'Hindoustan.

On trouve près des côtes de l'Hindoustan deux
groupes et une grande île.

Les deux groupes sont :

Les *Lakedives*, à l'O. de la côte de Malabar : elles
sont au nombre de 42, toutes fort petites, et obéissent
à un prince vassal des Anglais ;

Les *Maldives*, au S. E. des Lakedives, et, comme
elles, entourées de récifs de corail; elles sont, dit-on,
au nombre de 12 000 ; mais la plus grande n'a que
10 kilomètres de tour. Elles obéissent à un sultan indépendant.

La grande île est :

CEYLAN, située au S. E. de la pointe de l'Hindoustan ; capitale *Kolombo*, port au S. O. ; *Candy*, située
au centre de l'île, en est l'ancienne capitale. Les · Anglais possèdent cette île entière depuis 1810.

**118. Étendue, population, religions, castes.**—L'Hindoustan
occupe une étendue de 37 350 myriamètres carrés, et renferme une
population de 177 millions d'habitants, dont plus de 173 milions
dans les possessions anglaises, et dans les États qui sont leurs alliés
ou leurs tributaires, 3 millions et demi au plus indépendants, 180
mille dans les possessions françaises, 450 mille dans les possessions

portugaises. Les religions dominantes dans l'Hindoustan sont le brahmanisme, professé par près de 70 millions d'individus ; le bouddhisme, par 50 millions : le mahométisme, par 52 millions ; le christianisme, par 1 million et demi au plus, la plupart Européens ; car on a toujours éprouvé les plus grandes difficultés à convertir les Hindous. Il existe parmi eux une division fondée sur des croyances religieuses ; c'est la division par *Castes* ou classes qui ne se confondent jamais, et parmi lesquelles on distingue : celle des *Brahmes* ou prêtres, qui tient le premier rang ; celle des guerriers, celle des laboureurs, celle des artisans, etc. La dernière, nommée la caste des *Parias*, et regardée comme impure, est exclue des villes et des temples, et vit dans le mépris et l'abjection.

**119. Gouvernement.** — Une puissance redoutable, celle des *Grands Mogols*, tenait autrefois asservie la plus grande partie de l'Hindoustan ; aujourd'hui cette puissance est anéantie par les Anglais, qui, depuis la révolte terrible des Cipayes (soldats indiens au service de l'Angleterre) en 1857, ont dû refaire la conquête d'une grande partie des possessions de la puissante *Compagnie des Indes*, laquelle a cédé à la couronne l'immense empire qu'elle avait fondé. Les souverains alliés des Anglais et indépendants portent différents noms, tels que *Nizam, Nabab, Rojahs*, etc.

**120. Climat, productions.** — L'immense étendue de l'Hindoustan et la grande variété que présente l'aspect de cette contrée y produisent une étonnante diversité de climats et de température. Au N., au pied des monts Himalaya, dont les sommets les plus élevés sont couverts de neiges éternelles et dépassent, comme nous l'avons dit, 8 kilomètres et demi de hauteur, on trouve de fertiles vallées. Les riches plaines que fécondent les inondations du Sind ou Indus et celles du Gange, sont séparées par un vaste désert de sable. Plus au S., un plateau élevé et les montagnes des Ghattes, arrêtant tantôt les nuages qui viennent de l'O., tantôt ceux qui arrivent de l'E., font régner sur les deux côtes de Malabar et de Coromandel des températures tout à fait opposées. Toutes ces montagnes donnent naissance à un grand nombre de rivières, et ces cours d'eau traversant l'Hindoustan dans toutes les directions, y entretiennent une humidité qui, jointe à la chaleur du climat, y développe une puissante végétation. Le riz, la banane, le sucre, les épices, la soie, le coton, sont les produits les plus remarquables de cette riche contrée, où l'on trouve encore des mines de diamants et des perles que l'on pêche surtout dans le détroit qui la sépare de l'île de Ceylan ; mais elle nourrit aussi un grand nombre d'animaux redoutables, tels que le rhinocéros, le tigre, le lion, le boa et beaucoup d'autres serpents dangereux. Les éléphants y sont d'une beauté remarquable, surtout dans l'île de Ceylan.

---

## INDO-CHINE.

**121**. BORNES. — L'Indo-Chine a pour bornes :

Au N., l'empire chinois ;

A l'O., l'Hindoustan et le golfe du Bengale ;

Au S., le détroit de Malakka, le golfe de Siam et la mer de Chine ;

A l'E., cette même mer et le golfe de Tonkin.

**122**. DIVISIONS ET VILLES REMARQUABLES. — L'Indo-Chine se compose de six parties principales, savoir :

1° L'INDO-CHINE ANGLAISE, à l'O., dans laquelle on distingue : *Arakan*, capitale de l'ancien royaume de son nom, remplacée aujourd'hui par *Akyab*; *Malakka*, à l'extrémité de la péninsule qui porte son nom ; *Singapour*, enfin, dans une petite île voisine de la côte, et qui paraît destinée, par sa prospérité commerciale, à devenir la capitale de l'Indo-Chine anglaise ;

2° Le MALAKKA INDÉPENDANT, qui renferme les royaumes de *Pérak*, de *Salangor*, de *Djohore*, de *Pahang* et de *Roumbo*, ainsi nommés de leurs capitales ;

3° L'empire BIRMAN, à l'E. de l'Indo-Chine Anglaise, conquis en partie par les Anglais : capitale *Mandalay*, qui a succédé à Ava sur l'Iraouaddy ;

4° Le royaume de SIAM, au S. E. de l'empire Birman : capitale *Bangkok*, port très-commerçant sur le Mei-nam ;

5° L'empire d'ANNAM, le plus oriental et le plus puissant de l'Indo-Chine, et qui se divise en plusieurs

Bangkok, capitale du royaume de Siam.

parties, savoir : Le Laos, dont les royaumes de Sian et des Birmans possèdent plusieurs provinces. — La Cochinchine, ou *Annam méridional*, dans laquelle se trouve la capitale actuelle de tout l'empire, nommée *Hué* ou *Foutchouan*, que ses immenses fortifications rendent la place la plus forte de l'Asie. — Le Tonkin, ou *Annam septentrional :* capitale *Backing* ou *Kécho*.

6° L'Indo-Chine Française : comprenant les six provinces de la basse Cochinchine enlevées à l'empire d'Annam : — chef-lieu *Saïgon*, ville grande et commerçante; — villes remarquables, *Mitho* et *Vinh-Long* sur le *Mé-kong*. — Le protectorat de la France s'étend sur le royaume de *Kambodje* situé au N. O.; capitale, *Oudon*.

## 123. Iles.

On rattache ordinairement à l'Indo-Chine les trois groupes d'îles suivants, savoir :

Les îles d'*Andaman*, }
Les îles de *Nicobar*, } dans le golfe du Bengale ;
Les *Paracels*, dans la mer de Chine.

**124. — Étendue, population, religion, gouvernement. —** Les divers États entre lesquels est partagée l'Indo-Chine, nommée quelquefois aussi *Inde au delà du Gange* et *presqu'île orientale de l'Inde*, occupent une superficie de 21 350 myriamètres carrés, et renferment 26 millions d'habitants, dont la majorité professe le bouddhisme ; cependant l'Annam, qui paraît avoir été peuplé en partie par des colonies chinoises, renferme un assez grand nombre de sectateurs de Confucius, philosophe chinois dont la doctrine n'admet qu'un seul Dieu. Le mahométisme domine dans l'Arakan et dans la presqu'île de Malakka, dont les habitants appartiennent à la race malaise qui paraît avoir peuplé la plus grande partie de l'Océanie, et dont la langue est fort répandue dans les Indes. Les Birmans, le royaume de Siam et l'Annam obéissent à des souverains despotiques. Celui d'Annam possède une marine importante ; mais les rapides accroissements des établissements anglais et français semblent annoncer que les puissances européennes ne tarderont pas à dominer dans l'Indo-Chine comme dans l'Hindoustan.

**Climat, productions.** — L'Indo-Chine jouit généralement d'un climat humide et chaud. Le sol y est fertile en riz, sucre, café, thé, coton, indigo et épices, et renferme des mines d'or et d'argent, d'étain, de rubis, de saphirs et de marbre. Les animaux sont à peu près les mêmes que dans l'Hindoustan.

———

# CHINE.

**125. Bornes.** — L'empire chinois a pour bornes :

Au N., la Sibérie ;

A l'O., le Turkestan et l'Hindoustan ;

Au S., l'Hindoustan et l'Indo-Chine ;

A l'E., la mer de Chine, la mer Bleue, la mer Jaune et celle du Japon.

**Divisions.** — Cet empire se compose de la *Chine propre* et des pays tributaires.

## 126. Chine proprement dite.

**Capitale.** — *Pékin*, au N. E., ville trois fois aussi grande que Paris, prise par les Français unis aux Anglais en 1860, résidence de l'empereur, dont le palais occupe un espace de 8 kilomètres de tour.

**Villes remarquables.** — Au centre, *Nankin*, sur le fleuve Bleu ou Yang-tseu-kiang, ancienne capitale et la ville savante de la Chine, célèbre par le coton jaune qui croît aux environs et avec lequel on fabrique le nankin ;

Au S., *Canton*, sur la mer de Chine, prise par les Anglo-Français en 1858, et l'une des premières villes où les Européens furent admis pour faire le commerce.

## 127. Pays tributaires de la Chine.

Noms des villes principales. — Les pays tributaires de la Chine, en ne comprenant pas parmi eux la *Man lchourie*, dont une partie, au N. du. fleuve Amour, a été cédée à la Russie en 1859, et dont le reste fait maintenant partie de la Chine propre, sont au nombre de 4, savoir :

La Corée, à l'E. de la Chine ; capitale, *Hanyang-tching*, au centre:

La Mongolie, au N. de la Chine , dont elle est séparée par une muraille de 2600 kilomètres de long, élevée par les Chinois pour se préserver des incursions des Tartares Mongols ; ville principale *Ourga*, au N. Une partie de ce pays est occupée par le grand désert de *Gobi*, qui s'étend à l'O. ;

La Petite Boukharie, à l'O. du grand désert; ville principale, *Yarkiang*, au S. O.;

Le Tibet, au S. du grand désert, comprenant: le *Petit Tibet*, à l'O.: capitale, *Ladak*; — le *Grand Tibet*, à l'E.: capitale. *H'Lassa* ; — et le *Boutan*, au S.; capitale, *Tassisuden*.

## 128. Iles qui dépendent de la Chine.

Noms — Parmi les îles qui dépendent de la Chine, on distingue deux grandes îles et un archipel assez considérable, savoir :

L'île *Formose*, à l'E., appelée *Thaï-Ouan* par les Chinois, qui n'en possèdent réellement que la partie occidentale, où se trouve la capitale, à laquelle ils

Palais impérial de Pékin, capitale de la Chine.

donnent le même nom. Sa partie orientale, habitée
par des sauvages indépendants, est presque inconnue ;

*Haï-Nan*, au S., riche en mines d'or et en bois précieux ;

L'archipel des îles *Liou-Tchou*, situé à l'E. de la
mer Bleue, et qui forme un royaume particulier, tributaire de la Chine.

**129. Étendue, population, religions, gouvernement.** —
L'empire chinois, le plus grand de l'Asie et le plus vaste du monde
après celui de la Russie, est celui qui parait renfermer la population la plus considérable : il a 139600 myriamètres carrés et, dit-
on, 477 millions d'habitants, qui appartiennent à la race jaune, et
dont la majorité professe le bouddhisme ; cependant l'empereur et
la classe des *mandarins* ou lettrés, qui occupent tous les emplois
publics, suivent la religion de Confucius (124). Le pouvoir de l'empereur, qui est tempéré par le droit de représentation dont jouissent certaines classes de magistrats, ne s'étend que sur la Chine
propre ; les autres pays compris dans l'empire chinois obéissent à
des rois ou khans qui payent tribut à la Chine ou qui reconnaissent
sa protection. Tous les peuples du Nord sont quelquefois compris
sous le nom de *Tartares*, et leur pays sous celui de *Tartarie chinoise*. — Les Anglais se sont fait céder, en 1842, par l'empereur de
la Chine, la petite île de *Hong-kong*, située dans la baie de Canton,
et *Shang-haï* en 1860.

**Climat, productions.** — Le climat d'un pays aussi étendu que
la Chine est nécessairement très-varié, ainsi que ses productions.
La Chine proprement dite renferme de vastes plaines qui produisent en abondance le blé, le riz et tous les autres grains. On y voit
croître, selon les différentes latitudes, le mûrier, l'oranger, le coton,
l'indigo, la canne à sucre, le thé, etc. La Corée est couverte en partie
de montagnes riches en or et en argent. Les plaines de la Mongolie
produisent la rhubarbe ; les hautes montagnes du Tibet nourrissent
les chèvres dont le poil très-fin sert à fabriquer les précieux tissus
de cachemire ; elles renferment aussi de riches mines d'or. Outre ces
productions, la Chine exporte encore de la porcelaine, du papier et
une encre renommée.

## JAPON.

**130.** POSITION ET ILES QUI LE COMPOSENT. — L'empire du Japon, situé à l'E. de l'Asie, dont il est séparé par la mer à laquelle il donne son nom, se compose de quatre grandes îles et d'un archipel, savoir :

*Iesso*, au S. E. de l'île russe de Tarrakaï;
*Niphon*, au centre, la plus grande du Japon;
*Sikokf* ou *Xicoco*, } au S. de Niphon.
*Kiusiu*, }

La partie méridionale de l'archipel des *Kouriles*, dont le N. appartient à la Russie (96).

CAPITALE. — *Yédo*, dans l'île de Niphon, une des plus belles villes de l'Asie, résidence du souverain temporel ou *Taïcoun*.

VILLES REMARQUABLES. — *Miaco*, au S. de Niphon, la ville savante du Japon, résidence du *Mikado*, empereur suprême et chef de la religion; *Nangasaki*, à l'O. de l'île de Kiusiu, l'une des 5 villes où les Européens sont admis pour faire le commerce.

**131. Étendue, population, religions, gouvernement.** — Le Japon occupe au N. E. de l'Asie une position semblable à celle des îles Britanniques au N. O. de l'Europe. On évalue sa superficie à 7000 myriamètres carrés, et sa population à 52 millions d'habitants, qui parraissent appartenir à la même race que les Chinois. Les religions qui dominent au Japon sont au nombre de deux : 1° la religion de *Sinto*, qui est la religion primitive de l'empire, auquel elle est particulière, et qui a pour base le culte des génies; 2° le bouddhisme, qui a été apporté au Japon vers le milieu du cinquième siècle et qui est aujourd'hui la religion la plus répandue. On y trouve aussi quelques sectateurs de Confucius. Le gouvernement de l'empire appartenait autrefois exclusivement au Mikado, regardé comme le descendant des anciennes divinités du pays, et encore aujourd'hui révéré presque comme un dieu, sur-

tout par les partisans de la religion de Sinto, dont il est le chef
visible. Vers le milieu du douzième siècle, le *Taïcoun*, qui n'avait
été jusqu'alors que le commandant de la force militaire, s'empara
d'une partie de l'autorité, et il l'a entièrement usurpée, sans cesser
de montrer la plus haute vénération pour la personne sacrée du
Mikado, dont il se disait le premier sujet. Cependant depuis 1869 le
Mikado a ressaisi le pouvoir et le Taïcoun a été réduit à l'obéissance
comme les autres princes féodaux du pays.

**Climat, productions, manufactures.** — Les iles du Japon
sont hérissées de montagnes et fréquemment bouleversées par des
tremblements de terre et d'affreux ouragans. La température y est
très-variable, les hivers froids, les étés brûlants et les orages très-
fréquents. Le sol recèle, dit-on, de riches mines d'or, d'argent, de
cuivre et de pierres précieuses ; mais il est peu fertile, et n'est ren-
du productif que par le travail assidu des habitants, qui passent
aussi pour les plus industrieux des peuples de l'Asie, et qui fournissent au commerce des étoffes de soie, de coton, de la porcelaine, du papier, etc.

# AFRIQUE.

**132.** NOTIONS GÉNÉRALES. — L'Afrique est la troisième partie de l'ancien continent. C'est une grande presqu'île, qui tient à l'Asie par l'isthme de Suez.

BORNES. — L'Afrique a pour bornes :

Au N., la mer Méditerranée ;
A l'O., l'Océan Atlantique ;
Au S., le Grand Océan ;
A l'E., la mer des Indes, la mer Rouge et l'isthme de Suez.

**133. Étendue et déserts de l'Afrique.** — L'Afrique a 285 434 myriamètres carrés environ ; mais une partie de cette immense étendue est occupée, surtout vers le N., par de vastes déserts sablonneux. On y trouve cependant un grand nombre de cantons fertiles, nommés *Oasis,* et entourés, comme des îles, par ces vastes océans de sable que soulèvent fréquemment des vents brûlants, et au milieu desquels sont quelquefois englouties les caravanes de voyageurs et de marchands qui s'exposent à les traverser.

Jusque vers la fin du siècle dernier, les côtes seules de l'Afrique étaient connues des Européens ; mais, grâce aux explorations hardies d'un grand nombre de voyageurs, nous connaissons maintenant une partie considérable de l'intérieur de cette vaste péninsule.

**Population et religions.** — On évalue à 176 millions d'habitants la population de l'Afrique, dont le nord a été peuplé, en partie, par les Arabes, qui y ont apporté la religion mahométane, et qui s'y sont mêlés avec les *Coptes,* les *Berbers* les *Maures,* anciens habitants de ces contrées ; le reste de la population appartient à la race nègre, qui est idolâtre. Les colonies européennes répandues le long des côtes et dans les îles voisines renferment un assez grand nombre de chrétiens, la plupart catholiques romains.

**Climat, productions, animaux, etc.** — L'Afrique , traversée,

6

à peu près vers le milieu, par l'équateur, est brûlée par les rayons du soleil qui, pendant toute l'année, y tombent perpendiculairement. On n'y connaît que deux saisons : la sèche, pendant laquelle la chaleur est presque insupportable, et celle des pluies, qui, entre les tropiques, durent, presque sans interruption, pendant trois mois, et font déborder tous les fleuves qui prennent leur source dans ces régions ; mais ces debordements, loin de nuire à la végétation, portent sur les terres un limon qui les féconde ; aussi tous les pays qu'ils arrosent sont-ils, surtout près des côtes, d'une incroyable fertilité. Parmi les arbres qui y croissent, on remarque le *baobab*, dont le tronc a quelquefois jusqu'à 33 mètres de tour.

L'Afrique est riche en métaux précieux ; elle renferme beaucoup d'animaux nuisibles, tels que le tigre, le lion, le léopard, l'hyène, le chacal ; les fleuves nourrissent d'énormes crocodiles, et les forêts recèlent de monstrueux serpents, parmi lesquels le *boa* est le plus remarquable. On trouve, en outre, dans l'Afrique, l'éléphant, le rhinocéros, l'hippopotame, la girafe, le buffle, le chameau, etc., et une foule de gazelles et d'antilopes.

**154.** DIVISIONS DE L'AFRIQUE. — L'Afrique peut être divisée en 17 parties principales, savoir :

| | | |
|---|---|---|
| 2 au N. E. | { L'Égypte, avec la Nubie ;<br>{ L'Abyssinie ; | |
| 6 au N. O. | La régence de Tripoli ;<br>— de Tunis ;<br>L'Algérie ;<br>Le Maroc ;<br>Le Sahara ;<br>La Sénégambie ; | Ces quatre États sont quelquefois compris sous le nom de Barbarie ou Berbérie. |
| 2 au S. O. | { La Guinée septentrionale ;<br>{ La Guinée méridionale ; | |
| 3 au centre. | { Le Soudan ;<br>{ La Nigritie méridionale ;<br>{ La Cafrerie ; | |
| 3 au S. E. | { L'Ajan ;<br>} Le Zanguebar ;<br>{ Le Mozambique ; | |
| 1 au S. | Le gouvernement du Cap, avec le pays des Hottentots. | |

Iles. — L'Afrique est, en outre, entourée d'un assez grand nombre d'îles répandues dans l'Océan Atlantique et dans la mer des Indes ; la plus considérable est la grande île de *Madagascar*, située au S. E.

**135. Golfes.** — Outre le golfe d'*Aden*, dont nous avons déjà parlé (102), on remarque sur les côtes de l'Afrique 6 golfes principaux, savoir :

1 formé par la mer Rouge, c'est

Le golfe de *Suez*, à l'E. de l'Égypte.

2 par la Méditerranée, qui sont :

Le golfe de *Cabès*,  }
Le golfe de la *Sidre*, }  au N. de la Barbarie.

1 formé par l'Atlantique, c'est

Le golfe de *Guinée*, qui s'enfonce entre la Guinée septentrionale et la Guinée méridionale, et forme lui-même deux autres golfes, savoir :

Celui de *Bénin*,  }
Celui de *Biafra*, }  sur les côtes de la Guinée septentrionale.

**136. Détroits.** — Outre les détroits de *Gibraltar* et de *Bab-el-Mandeb*, dont nous avons déjà parlé (90), on trouve encore, au S. E. de l'Afrique :

Le canal de *Mozambique*, entre la côte de Mozambique et l'île de Madagascar.

**137. Fleuves.** — Les sept principaux fleuves de l'Afrique se distribuent ainsi, savoir :

1 tombe dans la Méditerranée, c'est

Le *Nil*, qui, formé de la réunion de deux branches, le Nil bleu à l'E. et le Nil blanc venant du S., arrose la Nigritie, le Soudan, l'Abyssinie, la Nubie et l'Égypte.

5 dans l'Atlantique, savoir :

Le *Sénégal*,  }
La *Gambie*, }  qui arrosent la Sénégambie ;

Le *Niger*, ou *Dhiolli-Ba*, qui parcourt une partie du Soudan et tombe dans le golfe de Guinée ;

Le *Congo* ou *Zaïre*, qui vient de l'intérieur et arrose la Guinée méridionale.

Le *Gariep* ou fleuve *Orange*, qui arrose le pays des Hottentots.

1 dans le canal de Mozambique, c'est

Le *Zambèze*, qui arrose la Nigritie méridionale, la Cafrerie et
le Mozambique.

**138. Lacs.** — Les lacs de l'Afrique sont peu connus; on en peut
citer cependant huit principaux, savoir :

Le lac *Tchad*, dans le Soudan ;
Le lac *Dembéa*, traversé par le Nil bleu en Abyssinie;
Le lac *Ukereré* ou *Nyanza*,
Le lac *Louta-Nzigué*, qui, ainsi
  que le précédent, est traversé
  par le Nil blanc,             dans la Nigritie et la Cafre-
Le lac *Tanganyika* ou *Oudjiji*,    rie.
Le lac *Nyassi*,
Le lac *Schiwa*,
Le lac *N'gami* au S. O.,

**139. Caps.** — L'Afrique a dix caps remarquables, savoir :

1 au N., c'est

Le cap *Bon*, au N. de la Barbarie.

5 à l'O., savoir :

Le cap *Bojador*,       à l'O. du Sahara;
Le cap *Blanc*,
Le cap *Vert*, à l'O. de la Sénégambie;
Le cap des *Palmes*, au S. de la Guinée septentrionale;
Le cap *Lopez*, entre les deux Guinées.

2 au S., savoir :

Le cap de *Bonne-Espérance*,    au S. du gouvernement du
Le cap des *Aiguilles*,          Cap.

2 à l'E., savoir :

Le cap des *Courants*, sur la côte de Mozambique;
Le cap *Guardafui*, au N. E. de la côte d'Ajan.

**140. Chaînes de montagnes.** — Les 5 principales paraissent
être :

L'*Atlas*, dans la Barbarie;
Les monts de *Kong*, au N. de la Guinée;
Ceux de la *Lune*, au S. de l'Abyssinie;
Les monts *Kenia* et *Kilimanjaro*, à l'E. de la Nigritie méridio-
  nale;
Les monts *Sneeuwberg* et *Nieuwereld*, au S. E. du pays des Hot-
  tentots.

## ÉGYPTE ET NUBIE.

**141. Bornes.** — L'Égypte a pour bornes :

Au N., la Méditerranée ;

A l'O., le désert de Libye ;

Au S., l'Abyssinie et le Soudan ;

A l'E., la mer Rouge et l'isthme de Suez, aujourd'hui traversé par un canal qui unit la Méditerranée à la mer Rouge.

**Capitale.** — Le *Caire*, près de la rive droite du Nil.

**Villes remarquables.** — Au N., *Alexandrie*, sur la Méditerranée, le port le plus commerçant de l'Égypte; *Rosette* et *Damiette*, ports de mer importants, aux deux embouchures principales du *Nil; Suez*, port sur la mer Rouge qui donne son nom à l'isthme et au canal qui le traverse ;

Au centre, *Syout*, qui a remplacé *Girgéh*, comme capitale de la haute Égypte.

**142.** La Nubie, réunie à l'Égypte, a pour ville principale *Marakah*, nommée quelquefois aussi *Nouveau Dongolah*, sur la rive gauche du Nil. L'ancienne capitale, nommée le *Vieux Dongolah*, aujourd'hui presque ruinée, est plus au S., sur la rive droite du Nil.

**Villes remarquables.** — Au S., *Khartoum*, au confluent des deux branches du Nil, et *Sennaar*, sur la branche du Nil qui sort du lac Dembéa, et qu'on nomme *Bahr-el-Azrak*, ou fleuve Bleu; capitale d'un royaume.

**143. Oasis.** — Parmi les oasis qui dépendent de

l'Égypte, et qui sont situées à l'O. de ce pays, on remarque :

Celle de *Syouah* où était situé jadis le temple célèbre de Jupiter Ammon.

Celle d'*El-Bahariéh*, ou *Petite-Oasis* plus au N.

Celles de *Dakhel* et d'*El-Khardjéh*, ou *Grande-Oasis*, encore plus au S. E.

**144. Notions diverses.** — L'Égypte est la mieux connue des contrées de l'Afrique, et la plus intéressante, surtout à cause des nombreux monuments de l'antiquité qu'on y rencontre à chaque pas, et parmi lesquels on distingue principalement les *Pyramides*, qui se trouvent non loin du Caire, et qui existent depuis près de 4 mille ans : la plus haute a 143 mètres.

L'Égypte avec la Nubie occupe une superficie de 16 000 myriamètres carrés; mais cette étendue embrasse, à l'O. et à l'E., de vastes déserts sablonneux et arides. L'Égypte se réduit donc réellement à l'étroite vallée du Nil, qui, s'élargissant en approchant de la mer, est fertilisée par les inondations périodiques de ce fleuve, lesquelles suppléent aux pluies très-rares dans ce pays. C'est là que croissent les palmiers, les dattiers, les orangers, la canne à sucre, le coton, le lin, le chanvre, le riz, le blé et le *papyrus*, de l'écorce duquel les anciens se servaient pour écrire.

La population de l'Égypte s'élève à plus de 8 millions d'habitants appartenant à plusieurs races différentes, savoir : les *Coptes*, descendants des anciens Égyptiens, et qui sont chrétiens; les *Arabes*, dont les tribus nomades errent dans les déserts ; les *Turcs* conquérants du pays, qui habitent dans les villes; ces deux dernières races professent la religion mahométane. L'Égypte fait partie de l'empire de Turquie; mais les vice-rois qui la gouvernent en ont obtenu la possession héréditaire. Malgré la perte, en 1840, des possessions que l'un de ces souverains avait acquises en Asie, la conquête qu'ils ont su faire de la plus grande partie des contrées connues arrosées par le Nil, et le zèle avec lequel ils ont travaillé à introduire dans leurs États la civilisation européenne, assurent pour l'avenir à ce pays un haut degré de puissance et de prospérité.

## ABYSSINIE.

**145. Bornès.** — L'Abyssinie a pour bornes :

Au N., la Nubie ;

A l'O., la Nubie et le Soudan ;

Au S., la Nigritie et la côte d'Ajan ;

A l'E., le détroit de Bab-el-Mandeb et la mer Rouge.

L'Abyssinie est divisée en plusieurs États :

Villes principales : *Adoua*, au N. E., capitale du royaume de *Tigré*, dans lequel on trouve encore *Axoum*, antique métropole de l'Abyssinie, et l'une des plus belles villes de l'Afrique ; *Gondar*, au N. du lac Dembéa, capitale du royaume d'*Amhara* ; *Ankober*, au S., capitale du royaume de *Choa*.

**146. Notions diverses.** — On estime la superficie de l'Abyssinie à 11 900 myriamètres carrés, et sa population à 4 millions d'habitants, dont une partie professe le christianisme, défiguré par une foule de pratiques juives et superstitieuses. L'ancien souverain de ce pays, auquel on donne les noms d'empereur d'Abyssinie, et quelquefois de *Grand Négus* et de *Prêtre-Jean*, partage aujourd'hui la souveraineté avec plusieurs autres princes appartenant pour la plupart à la race des *Gallas*, nation féroce et barbare sortie du centre de l'Afrique. Les productions de l'Abyssinie sont les mêmes que celles de l'Égypte et de la Nubie. On en tire de la poudre d'or, des plumes d'autruche et de l'ivoire.

## BARBARIE OU BERBÉRIE.

**147. Bornes.** — La Barbarie ou Berbérie a pour bornes :

Au N., la mer Méditerranée ;
A l'O., l'Océan Atlantique ;
Au S., le Sahara ;
A l'E., l'Égypte.

**Divisions.** — La Berbérie ou pays des Berbers se compose de 4 États, qui sont, de l'E. à l'O. :
Les régences de *Tripoli* et de *Tunis*, la province française de l'*Algérie* et l'empire de *Maroc*.

### 148. Tripoli.

**Capitale.** — *Tripoli*, port sur la Méditerranée, résidence du bey ou souverain de ce pays.

**Villes remarquables.** — A l'E., *Derne*, capitale du pays de *Barcah*; *Audjélah*, dans l'oasis qui porte son nom ;
Au S., *Mourzouk*, capitale du *Fezzan;*
Au S. O., *Ghadamès*, dans l'oasis du même nom.

### 149. Tunis.

**Capitale.** — *Tunis*, port sur la Méditerranée, non loin des ruines de la célèbre Carthage.

### 150. Algérie.

L'*Algérie*, la plus importante des colonies françaises, a été conquise depuis l'année 1830, époque de la prise d'Alger. Elle est bornée au N. par la Méditerranée, à

?E. par la régence de Tunis, à l'O. par le Maroc, et au S. par le Sahara. Sa population est de 2 millions et demi d'habitants. Elle se divise en 3 départements.

CAPITALE. — *Alger*, port sur la Méditerranée, chef-lieu d'un département, archevêché.

VILLES REMARQUABLES. — A l'O., *Oran*, chef-lieu d'un département, évêché.

A l'E., *Philippeville*, sur la côte, fondée par les Français en 1838; *Bone*, *Constantine*, dans l'intérieur, prise par les Français en 1837. Chef-lieu d'un département, évêché.

## 151. Maroc.

CAPITALE. — *Maroc*, au S. O.

VILLES REMARQUABLES. — Au N., *Ceuta*, appartenant aux Espagnols; *Fez*, capitale d'une province; *Méquinez*, où l'empereur fait sa résidence ordinaire; *Tanger*, sur l'Atlantique, port très-fréquenté;

Au S., *Mogador*, sur l'Atlantique, port commerçant; *Gourland*, la ville la plus importante des provinces voisines du mont Atlas.

**152. Notions diverses.** — On évalue la superficie de la Barbarie à 23 150 myriamètres carrés, et sa population à 12 millions l'habitants, professant presque tous le mahométisme. On trouve cependant parmi eux beaucoup de juifs. Le despotisme le plus absolu est exercé par les divers souverains de la Barbarie, excepté dans la province d'Alger, soumise à la France, malgré la résistance acharnée de l'émir Abd-el-Kader qui fut le plus puissant des chefs indigènes, et malgré les luttes acharnées des Kabyles, qui n'ont été soumis qu'en 1858. Le souverain de Maroc porte le nom d'*empereur*; ceux de *Tunis* et de *Tripoli* celui de *bey*. Les Arabes qui errent en nomades dans les campagnes, et les *Berbers*, qui vivent surtout dans les montagnes de l'Atlas, obéissent à des chefs particuliers qui por-

tent le nom de *cheiks*, comme ceux de l'Arabie. — Les Berber
paraissent être les habitants originaires de ce pays, qui leur doit so
nom de *Barbarie*, ou, plus exactement, de *Berbérie*.

La chaîne de l'Atlas, qui traverse la Barbarie de l'O. à l'E., partag
ce pays en deux contrées qui jouissent d'un climat bien différen
Le N., préservé par les montagnes de l'Atlas des plus funestes effet
des vents brûlants du désert, offre, partout où il est bien arrosé
une admirable végétation, et fournit du blé à plusieurs contrées d
l'Europe. L'olivier, l'amandier, le figuier, le citronnier, l'oranger, l
vigne y produisent des fruits exquis. Au S. s'étend le *Beled-el-Djéri*
ou *Pays des Dattes*, qui participe déjà de la nature aride du désert
et dont les plaines unies, imprégnées de sel et presque stériles, son
le plus fréquemment ravagées par des nuées de sauterelles. La
Barbarie renferme tous les animaux nuisibles de l'Afrique : le lion
de l'Atlas en est le plus terrible. Parmi ceux qui se distinguent pa
leur utilité, on remarque le dromadaire, dont la légèreté est telle,
qu'on assure qu'il peut faire 380 kilomètres dans une journée.

---

## SAHARA.

**155. BORNES.** — Le Sahara, ou Grand-Désert, dont
la partie orientale porte le nom de *Désert de Libye*, a
pour bornes :

Au N., la Barbarie ;
A l'O., l'Océan Atlantique ;
Au S., le Soudan ;
A l'E., l'Égypte et la Nubie.

**PEUPLES ET VILLES.** — Les parties les moins arides
du Grand-Désert, et les nombreuses oasis qui y sont
parsemées, sont habitées par des peuplades à demi
sauvages, parmi lesquelles on distingue surtout :

Les *Tibbous*, au S. E. ;

Les *Touaregs*, au centre et au S., où ils possèdent
une ville commerçante nommée *Aghadès*, résidence
du plus puissant de leurs chefs ;

Tanger, port de l'empire de Maroc.

Les *Touats*, qui s'étendent à l'O. jusqu'à l'empir
de Maroc, et qui ont pour capitale *Agably*.

**154. Notions diverses.** — Le Sahara, ou Grand-Désert, occup
une étendue qu'on peut évaluer à 41 300 myriamètres carrés, c'es
à-dire près de la sixième partie de la superficie de l'Afrique et plu
de huit fois celle de la France. L'intérieur en est encore peu connu
ainsi que la population, que l'on croit pouvoir réduire à 750 000 ha
bitants d'origine maure et berbère, qui professent le mahométism
et obéissent à un grand nombre de chefs indépendants. Les peupla
des voisines de la côte, parmi lesquelles on cite les *Oulad-Délims* e
les *Maures Braknas* et *Trarzas*, passent pour très-féroces et fon
subir d'horribles traitements aux malheureux naufragés dont le
tempêtes et les courants font échouer les vaisseaux sur les dange
reux bancs de sables et de rochers qui bordent ce rivage et s'éten
dent assez loin dans l'Océan.

Aucune rivière un peu considérable ne traverse le Sahara : on en
pourrait à peine citer deux ou trois qui viennent se jeter dans l'O-
céan Atlantique; dans l'intérieur, on trouve quelques cours d'eau de
peu d'étendue, qui, après avoir parcouru de petites vallées dont ils
forment de fertiles oasis, se perdent bientôt dans les sables. C'est
dans ces oasis que sont bâtis les villes et les villages des peuples du
Sahara; mais la plupart vivent sous des tentes, et vont d'oasis en
oasis faire paître leurs troupeaux de chameaux, de chèvres et de
moutons. Souvent ils sont obligés de disputer l'approche des sources
qu'ils cherchent aux lions, aux panthères et à d'énormes serpents, qui
sont les maîtres véritables de ces immenses solitudes, où errent aussi
les autruches et quelques gazelles. Les seuls arbres précieux qui
croissent dans le Sahara sont le palmier-dattier, dont le fruit sert
de nourriture aux habitants des oasis, et l'espèce d'acacia qui donne
la gomme arabique.

## SÉNÉGAMBIE.

**155. Nom et bornes.** — La Sénégambie, dont le nom est formé de ceux des fleuves du Sénégal et de la Gambie, qui la traversent, a pour bornes :

Au N., le Sahara;
A l'O., l'Océan Atlantique ;
Au S., la Guinée;
A l'E., le Soudan.

**Peuples.** — Parmi les peuples qui habitent la Sénégambie, on remarque :
Les *Ghiolofs*, vers le N. O. ;
Les *Foulahs*, vers l'E. ;
Les *Mandingues*, vers le S.

**Établissements européens.** — Les Français, les Anglais, les Portugais ont formé dans ce pays, et particulièrement sur les côtes, des établissements dont les principaux sont *Saint-Louis*, dans une île du fleuve Sénégal, chef-lieu des établissements français, auxquels appartiennent encore *Daghana*, *Podor* et *Bakel*, sur le Sénégal; et l'île de *Gorée* et *Dakar*, bon port, près du Cap-Vert;

*Bathurst*, à l'embouchure de la Gambie, chef-lieu des établissements anglais;

*Cachao*, au S. E. des précédents, chef-lieu des établissements portugais qui comprennent les îles *Bissagos*.

**156. Notions diverses.** — La Sénégambie, dont le nom est formé de ceux des deux fleuves principaux qui l'arrosent, est souvent appelée aussi en France le *Sénégal*, parce que les établissements les plus importants des Français sont sur les bords de ce fleuve. La superficie de ce pays est évaluée à 10 000 myriamètres carrés environ, et sa population à plus de 3 millions et demi d'habitants, qui appartiennent à deux races différentes : ceux du N. sont des Maures venus des côtes de la Méditerranée, et qui professent un mahométisme mêlé d'idolâtrie; ceux du S. sont nègres et idolâtres.

Sur les côtes peu élevées de la Sénégambie et sur les bords de ses fleuves, fécondés, comme l'Égypte, par les débordements et par les pluies périodiques qui tombent du mois de juillet au mois d'octobre, la végétation prend un développement extraordinaire. C'est là que le baobab atteint les proportions gigantesques qui en font le roi des végétaux. Les palmiers, les cocotiers, les citronniers, les orangers y charment la vue de toutes parts; mais des chaleurs insupportables, l'insalubrité de l'air, et l'aspect hideux des crocodiles et des reptiles les plus dangereux, diminuent les agréments de ce beau pays, d'où l'on tire de l'or, de l'ambre, de la gomme, du poivre, des huiles, des plumes d'autruche, etc.

## GUINÉE SEPTENTRIONALE.

**137.** BORNES. — La Guinée septentrionale a pour bornes :

Au N., le Soudan et la Sénégambie;
A l'O., l'Océan Atlantique;
Au S., le golfe de Guinée et la Guinée méridionale;
A l'E., le Soudan.

VILLES REMARQUABLES. — Dans l'intérieur :

*Coumassie*, capitale du royaume d'*Achanti* ;
*Abomey*, capitale du royaume de *Dahomey;*

*Bénin,*
*Bonny,* } capitales des royaumes qui portent le
*Biafra,* } même nom.

Sur la côte sont des établissements européens, dont les principaux sont :

Les comptoirs de *Grand Bassam*, d'*Assinie* et du *Gabon*, aux Français;

*Saint-Georges-de-la-Mine*, forteresse importante, aux Hollandais ;

*Free-Town*, le *Cap-Corse* et *Christiansborg* aux Anglais ;

La *République de Libéria*, capitale *Monrovia*, fondée par les États-Unis d'Amérique pour les esclaves affranchis.

---

## GUINÉE MÉRIDIONALE.

**158. Bornes.** — La Guinée méridionale, nommée souvent aussi le *Congo*, du nom d'un des royaumes qu'elle renferme, a pour bornes :

Au N., la Guinée septentrionale ;
A l'O., l'Océan Atlantique ;
Au S., ⎱
A l'E., ⎰ la Nigritie méridionale.

Villes remarquables. — Dans l'intérieur :
*San-Salvador* ou *Panza*, au N., capitale du royaume de *Congo*, aux Portugais ;
Sur la côte :
*Loango*, capitale du royaume de *Loango*, gouverné par un souverain électif ;
*Loanda*, ou *Saint - Paul - de - Loanda*, capitale du royaume d'*Angola*, et chef-lieu de tous les établissements des Portugais, qui dominent dans cette partie de l'Afrique ;
*Benguéla*, ou *Saint-Philippe-de-Benguéla*, capitale du royaume de *Benguéla*, aussi aux Portugais.

**159. Notions diverses sur les deux Guinées.** — La Guinée septentrionale a 20 800 myriamètres carrés et 7 millions et demi d'habitants, et la Guinée méridionale 8700 myriamètres carrés et plus de 3 millions d'habitants, tous nègres et idolâtres. Les tentatives qu'ont faites les missionnaires portugais pour répandre la religion

chrétienne parmi ceux qui sont soumis au Portugal, les ont seule
ment amenés à mêler à leurs croyances superstitieuses quelques pra
tiques du christianisme.

Parmi les autres, ou du moins chez un certain nombre, c'est l
mahométisme qui se mêle à l'idolâtrie. Les sacrifices humains son
une partie essentielle du culte de la plupart des tribus sauvages. L
polygamie, ou l'usage d'épouser plusieurs femmes, est aussi très
répandue dans cette partie de l'Afrique.

La chaleur étouffante qui règne dans les deux Guinées, surtou
pendant la saison des pluies, dont la durée est souvent de six mois
en rend le climat pernicieux pour les Européens; mais elle fai
éclore les fleurs les plus admirables, et donne à toute la végétatior
un développement extraordinaire, surtout sur les côtes, qui son
généralement basses et formées du limon fertile charrié et accumulé
depuis un grand nombre de siècles, par les nombreuses rivière
qui descendent des hautes montagnes qui bordent les deux Guinée
au N. et à l'E. Les éléphants, les gazelles, les antilopes, les singe
y vivent en troupes innombrables ; on y rencontre aussi la girafe e
le rhinocéros, un grand nombre de serpents, et particulièremen
l'énorme boa. La poudre d'or, l'ivoire et le poivre sont les productions principales de ces contrées, d'où l'on a transporté, dans le
diverses parties de l'Amérique, un grand nombre d'esclaves nègres.

---

## SOUDAN.

**160.** Bornes.—Le Soudan, appelé quelquefois aussi
*Nigritie*, parce qu'une partie de ses habitants appartient à la race nègre, a pour bornes :

Au N., le Sahara ;

A l'O., la Sénégambie ;

Au S., la Nigritie méridionale ;

A l'E., la Nubie et l'Abyssinie.

Villes remarquables. — De l'E. à l'O., *Ségo*, capitale du *Bambarah ;*

*Tombouctou* ou *Ten-Boktou*, plus au N., près de la
rive gauche du Niger, ville importante par le grand

Tombouctou, ville du Soudan

commerce qu'elle fait, par le moyen des caravanes, avec la Barbarie et l'Égypte;

*Sackatou* et *Kano*, capitales du *Haoussa*; la première est la résidence du puissant prince des *Fellatahs*, nation différente des nègres, et qui domine dans toute cette partie de l'Afrique centrale: *Yola* est la capitale de l'*Adamoua*, situé au S. E., royaume vassal du sultan des Fellatahs;

*Kouka*, près du lac Tchad, capitale du *Bornou*;

*Ouara*, au N. E. du lac Tchad, capitale du fertile royaume de *Waday*;

*Tendelty*, qui a succédé à *Kobé* comme capitale du *Dar-Four*, pays qui dispute à l'Égypte la possession du *Kordofan*, dont la capitale est *Obeïd*.

---

## NIGRITIE MÉRIDIONALE ET CAFRERIE.

**161.** BORNES. — La Nigritie méridionale, qui comprend la Cafrerie, a pour bornes :

Au N., le Soudan ;

A l'O., la Guinée méridionale et l'Océan Atlantique ;

Au S., le pays des Hottentots et la mer des Indes;

A l'E., la capitainerie de Mozambique, le Zanguebar et la côte d'Ajan.

DIVISION. — La Nigritie méridionale et la Cafrerie comprennent toutes les contrées peu connues du centre de l'Afrique, au midi de l'équateur, auxquelles on peut ajouter la côte nommée quelquefois *Cimbébasie*, au S. O., et la *Terre de Natal*, au S. E., avec les républiques *Transvaallique* et du *Fleuve Orange*, fondées à l'O. de cette *terre* par les *Boers*, colons d'origine hollandaise, qui ont quitté la colonie du Cap (163) après la conquête anglaise.

VILLES REMARQUABLES. — *Matiamvo*, chez les *Balondas*, au S. des grands lacs ;

*Lynianti* et *Seskéké*, chez les *Makololos* ;

*Kolobeng*, *Kourritchané* et *Nouveau-Litakou*, au S., villes principales de la nation des *Betjouanas* ;

*Erasmus*, capitale de la république Transvaaltique ;

*Smitfield*, capitale de la république du Fleuve Orange ;

*Port-Natal*, sur la mer des Indes, principale ville de la *terre de Natal*, aux Anglais.

**162. Notions diverses sur le Soudan, la Nigritie méridionale et la Cafrerie.** — Ces contrées, qui renferment une superficie d'environ 125 000 myriamètres carrés et une population évaluée à 100 millions d'habitants, la plupart idolâtres, occupent toute la partie centrale et méridionale de l'Afrique. Elles sont coupées par de magnifiques lacs, parmi lesquels ceux de *Louta-Nzigué* et *Nyanza*, d'où sort le Nil blanc, de *Tanganyka*, *Nyassa*, *Shirwa*, etc., sont d'une étendue considérable. Ces pays sont divisés en un grand nombre de royaumes plus ou moins étendus et encore mal connus des Européens. Cependant quelques voyageurs qui sont parvenus à y pénétrer dans ces dernières années, y ont trouvé des peuples beaucoup plus civilisés qu'on ne l'avait supposé jusqu'ici, et parmi lesquels se distinguent, au N. O., les *Fellatahs*, qui appartiennent à race maure, sont mahométans, et ont fait la conquête des plus belles contrées du Soudan. Ces pays, arrosés par de nombreuses rivières, sont très-fertiles en riz, en *doura* (espèce de millet), en coton, chanvre, indigo, etc.; on y trouve aussi de l'or et du fer, et presque tous les animaux de l'Afrique.

Quant à la partie centrale de l'Afrique située au S. de l'équateur, à laquelle nous donnons le nom de *Nigritie méridionale*, on y a exploré le vaste bassin du magnifique fleuve *Zambèze*, et plus au S., ceux du *Limpopo* et de *Gariep* ou fleuve *Orange*. Ce pays, entrecoupé de montagnes élevées, de vallées, de lacs et de plaines fertiles, est habité par les *Cafres*, qui se distinguent des nègres par une couleur moins foncée, par leurs belles proportions, par la douceur de leurs mœurs et par leur industrie. Ils élèvent des chevaux et surtout des bœufs, qui leur servent de monture. La chasse, et surtout celle de l'éléphant, dans laquelle ils déploient une grande adresse, est une de leurs principales occupations ; ils aiment aussi avec passion la musique et la danse.

———

## GOUVERNEMENT DU CAP ET HOTTENTOTIE.

**163.** BORNES. — Le gouvernement du Cap, ainsi nommé du *Cap de Bonne-Espérance*, qui se trouve au S. O., a pour bornes :

Au N., le pays des Hottentots ;
A l'O., } l'Atlantique ;
Au S., }
A l'E., le canal de Mozambique.

CAPITALE. — *Le Cap*, port au N. du cap de Bonne-Espérance, résidence du gouverneur envoyé par l'Angleterre, qui possède ce pays depuis 1806.
*Natal*, à l'E., port important.

VILLE REMARQUABLE. — A l'E , *Uitenhagen*, capitale d'un gouvernement.

HOTTENTOTS. — Les Hottentots, qui habitent une grande partie du gouvernement du Cap et toute la contrée qui s'étend au N. de ce pays, sont un peuple nègre de couleur brun rouge, divisé en plusieurs peuplades. Ils n'ont que de misérables villages, qu'ils nomment *Kraals*.

**164. Notions diverses.** — Le gouvernement du Cap et le pays des Hottentots renferment environ 3000 myriamètres carrés, et 670 000 habitants, dont environ 20 000 blancs, la plupart Hollandais ou Anglais, professant la religion protestante. Le reste de la population se compose de nègres et de Hottentots idolâtres, que des missionnaires travaillent à convertir au christianisme.
Le gouvernement du Cap jouit d'un climat sain et tempéré. Ce-

La ville du Cap, capitale de l'État du cap de Bonne-Espérance.

pendant il est exposé, pendant l'été, à un vent brûlant qui détruit quelquefois toute la végétation ; et, depuis le mois de mai jusqu'au mois d'août, il est inondé par des pluies continuelles [1]. Les productions de l'Europe se trouvent réunies dans ce pays à celles de l'Afrique ; la plus renommée est le vin de *Constance*, que l'on recueille aux environs du Cap.

Le cap de Bonne-Espérance, qui a donné son nom au gouvernement dont nous parlons, fut d'abord nommé *cap des Tourmentes* par les Portugais, qui y furent assaillis par d'horribles tempêtes lorsqu'ils le découvrirent, en 1483. Ils n'osèrent le doubler que quinze ans après, sous la conduite de Vasco de Gama, qui ouvrit ainsi aux Européens la route des Indes.

---

## MOZAMBIQUE.

**165.** BORNES. — Les pays compris sous le nom de *Capitainerie générale de Mozambique* par les Portugais, qui ont sur cette côte de nombreux établissements, sont en grande partie formés des débris de l'ancien empire de *Monomotapa* ; ils ont pour bornes :

Au N., le Zanguebar ;

A l'O., la Nigritie méridionale ;

Au S., la Cafrerie ;

A l'E., le canal de Mozambique.

CAPITALE. — *Mozambique*, dans une île près de la côte.

VILLE REMARQUABLE. — Au S. O., *Sofala*, sur la baie

---

1. Il faut remarquer que, dans les contrées situées au S. de l'équateur, les saisons se trouvent opposées à celles des climats septentrionaux. Ainsi les peuples qui habitent ces pays ont l'hiver pendant que nous avons l'été Dans les contrées comprises entre les tropiques et dans celles qui en sont voisines, il n'y a point d'hiver proprement dit : il y est remplacé par ce qu'on nomme la saison des pluies, qui dure près de six mois sous l'équateur, et environ trois mois dans le voisinage des tropiques.

qui porte son nom, dans une contrée fertile et abondante en mines d'or, à laquelle on donne quelquefois le nom de *côte de Sofala*. Cette ville est aujourd'hui bien déchue de son ancienne prospérité.

**166. Notions diverses.** — On évalue l'étendue de ce pays à 12 300 myriamètres carrés, et sa population à plus de 3 millions et demi d'habitants, nègres idolâtres, et divisés en plusieurs peuplades gouvernées par des chefs à peu près indépendants; car les Portugais ne dominent réellement que sur la côte. Le sol, arrosé par un grand nombre de rivières, est fertile, surtout en riz; les forêts sont remplies d'éléphants. Le pays de Sofala possède de riches mines d'or et d'argent.

---

## ZANGUEBAR.

**167. Bornes.** — Le Zanguebar a pour bornes :
Au N., la côte d'Ajan ;
A l'O., la Nigritie méridionale ;
Au S., le Mozambique ;
A l'E., la mer des Indes.

Villes principales. — Elles sont toutes les capitales des petits États qui portent leurs noms, lesquels sont sujets ou vassaux de l'iman ou sultan de *Maskate* en Arabie, dont la capitale africaine est *Zanzibar*, dans l'île de ce nom, port très-commerçant.

*Magadoxo*, capitale d'un royaume ;
*Brava*, capitale d'une république ;
*Mélinde*, la ville la plus considérable de cette côte lorsqu'elle appartenait aux Portugais, qui en ont été chassés par les habitants ;
*Monbaza*, excellent port dans une île ;
*Quiloa*, dans l'île de ce nom, capitale d'un petit État.

**168. Notions diverses.** — On donne au Zanguebar 5500 myriamètres carrés et 1 million et demi d'habitants, en partie Arabes mahométans, et le reste nègres idolâtres, divisés en plusieurs tribus. Les plaines marécageuses et malsaines qui occupent la plus grande partie de ce pays sont couvertes de forêts où vivent de nombreuses troupes d'éléphants, qui fournissent beaucoup d'ivoire.

## AJAN.

**169.** BORNES. — On comprend ordinairement sous le nom de *côte d'Ajan* les pays qui ont pour bornes :

Au N., le golfe d'Aden ;

A l'O., l'Abyssinie et la Nigritie ;

Au S., le Zanguebar ;

A l'E., la mer des Indes.

VILLES REMARQUABLES. — Les villes de ce pays, dont la côte est soumise en partie à l'iman de Maskate, sont :

*Zeïlah*, sur le détroit de Bab-el-Mandeb, port commerçant, regardé comme la capitale de ce pays ;

*Harrar*, dans l'intérieur, capitale d'un petit royaume mahométan ;

*Aussagurel*, dans l'intérieur, où il ne pleut que fort rarement.

**170. Notions diverses** — Les pays que nous comprenons sous le nom d'Ajan ont 3180 myriamètres carrés et 400 000 habitants. La partie S. E., à laquelle s'applique plus spécialement le nom de *côte d'Ajan*, est une contrée aride qui n'a point de villes. La côte du golfe d'Aden, nommée royaume d'*Adel* ou de *Zeïlah*, est un pays marécageux, habité par un peuple actif, nommé les *Somaulis*, qui va commercer dans le golfe Arabique et la haute Afrique. Ils sont mahométans et gouvernés par un iman, qui est continuellement en guerre avec les Abyssins. Les productions de toutes ces contrées sont l'or, l'ivoire et les aromates.

## ILES DE L'AFRIQUE.

**171.** DIVISIONS. — Les îles de l'Afrique se divisent naturellement en *îles situées dans l'Océan Atlantique* et *îles situées dans la mer des Indes*.

ILES SITUÉES DANS L'ATLANTIQUE. — On trouve dans l'Océan Atlantique 5 groupes et 3 îles séparées.

Les 5 groupes sont du N. au S. :

Les *Açores*, dont la principale est *Terceira*, aux Portugais ;

Les îles de *Madère*, dont la principale est *Madère*, aussi aux Portugais ;

Les *Canaries*, dont les principales sont la *Grande-Canarie*, *Ténériffe* et l'*île de Fer*, aux Espagnols ;

Les îles du *Cap-Vert*, dont la principale est *Santiago*, aux Portugais ;

Les îles du *Golfe de Guinée*, dont les principales sont : *Fernando-Pó*, aux Anglais ; *Saint-Thomas* et l'*île du Prince*, aux Portugais, et *Annobon*, aux Espagnols.

Les 3 îles isolées sont : l'*Ascension*, *Sainte-Hélène*, *Saint-Matthieu*, aux Anglais.

**172.** ILES DE LA MER DES INDES. — On trouve dans la mer des Indes une grande île, 3 groupes et 2 îles moins considérables.

La grande île est :

*Madagascar*, séparée de l'Afrique par le canal de Mozambique et divisée en plusieurs royaumes, dont le plus puissant est celui des *Hovas* ou de *Madagascar*, qui s'est élevé depuis le commencement du siècle dans le centre de l'île, et qui a pour capitale *Tananarive*. — Les Français possèdent sur la côte orientale de

Madagascar la petite île de *Sainte-Marie*, et sur la côte
N. O. celle de *Nossi-Bé*.

Les 3 groupes sont :

Les îles *Mascareignes*, dont les principales sont : la
*Réunion* (anc. île *Bourbon*), à la France, capitale *Saint-Denis* ; l'*île de France* ou *Maurice*, et *Rodrigue*, toutes
deux à l'Angleterre, qui les a enlevées à la France ;

Les *Séchelles*, divisées en deux groupes, savoir : les
*Amirantes* et les îles de *Mahé*, à l'Angleterre ;

Les *Comores*, à l'entrée septentrionale du canal de
Mozambique.

Les 2 îles moins considérables sont :

*Zanzibar*, sur la côte de Zanguebar (167) ; *Socotora*,
vis-à-vis le cap Guardafui. Les Anglais y ont un établissement.

**173. Notions diverses.** — On évalue la superficie de toutes
les îles de l'Afrique à 6500 myriamètres carrés, et leur population
à 6 300 000 habitants. La grande île de Madagascar, comprise dans
cette évaluation pour près de 4350 myriamètres carrés, et 4 millions
et demi d'habitants, qui sont tous idolâtres, est, dit-on, bien cultivée et salubre dans l'intérieur ; mais les côtes en sont marécageuses et malsaines.

Parmi les autres îles qui dépendent de l'Afrique, le groupe volcanique des *Açores*, peuplé de 200 000 habitants, se fait remarquer
par son climat délicieux et ses fruits exquis : *Madère*, par son excellent vin ; les *Canaries* (qui paraissent être les *îles Fortunées* des
anciens), par la douceur de leur température, par la fécondité de
leur sol, qui produit du vin, du sucre, etc., et par leur population
de 174 000 habitants. Les *îles du Cap-Vert*, volcaniques, sablonneuses et malsaines, renferment 45 000 habitants. Les *îles du Golfe
de Guinée* sont fertiles, mais malsaines, à cause de l'excessive chaleur. L'*Ascension* fournit aux vaisseaux qui y relâchent des tortues
monstrueuses. *Sainte-Hélène* est devenue célèbre par la détention
et la mort de Napoléon I<sup>er</sup>. La *Réunion* et l'*île de France*, couvertes
de montagnes volcaniques dans l'intérieur, sont, sur les côtes, fertiles en café, sucre, indigo, épices, etc., et renferment, l'une plus
de 200 000 et l'autre plus de 140 000 habitants.

# AMÉRIQUE.

**174. Notions générales.** — L'Amérique, qui occupe tout le nouveau continent (16), est, après l'Asie, la plus grande, mais, après l'Océanie, la moins peuplée des cinq parties du monde.

**Divisions.** — L'Amérique se divise naturellement en deux grandes presqu'îles, réunies par l'isthme de Panama. Celle qui est située vers le N. se nomme *Amérique septentrionale* ou *du Nord*, et celle qui est située vers le S., *Amérique méridionale* ou *du Sud*.

**Étendue, population et religions.** — On évalue la superficie de l'Amérique à plus de 394 000 myriamètres carrés, et sa population à 70 millions d'habitants, dont 45 millions appartiennent à la race blanche européenne, 8 millions à la race jaune américaine, 7 millions et demi à la race nègre africaine, et le reste aux races mélangées issues des trois autres. Sur ce nombre, 30 millions environ sont catholiques, 25 millions protestants, et le reste idolâtres.

**Climat, productions.** — L'immense étendue de l'Amérique permet d'y retrouver tous les climats et toutes les productions des autres parties du monde. Il faut cependant remarquer qu'elle est moins chaude que l'ancien continent : ce que l'on doit attribuer surtout aux montagnes élevées qui s'y trouvent et qui donnent naissance à un nombre prodigieux de rivières et de fleuves considérables. Nulle part les métaux précieux ne sont plus abondants.

# AMÉRIQUE SEPTENTRIONALE.

---

**175.** BORNES. — L'Amérique septentrionale a pour bornes :

Au N., l'Océan Glacial Arctique, et les mers qu'il forme ;

A l'O., le Grand Océan ;

Au S., l'isthme de Panama, le golfe du Mexique et la mer des Antilles ;

A l'E., l'Océan Atlantique.

DIVISIONS. — L'Amérique septentrionale peut être divisée en 10 parties, savoir :

2 au nord : { Les terres Arctiques ;
{ La Nouvelle-Bretagne.

1 au centre : Les États-Unis.

6 au sud : { Le Mexique ;
{ Le Guatémala ;
{ San-Salvador ; } formant
{ Honduras ; } l'Amérique
{ Nicaragua ; } centrale.
{ Costa-Rica ;

1 dans l'Océan Atlantique : les Antilles, qui forment, après les terres Arctiques, l'archipel le plus considérable de l'Amérique septentrionale.

**176. Mers qui baignent l'Amérique septentrionale.** — Les trois Océans qui baignent l'Amérique septentrionale (175) forment sur ses côtes, outre la *mer de Behring*, dont nous avons parlé (88), trois autres mers, savoir :

2 formées par l'Océan Glacial Arctique; c'est :

La mer de *Baffin*,
La mer *Polaire de Kane*, } entre les terres Arctiques.

1 par l'Océan Atlantique; c'est :

La mer des *Antilles*, qui s'enfonce entre les deux Amériques.

1 par le Grand Océan; c'est :

La mer *Vermeille* ou de *Cortez*, nommée aussi *Golfe de Californie*, à l'O. du Mexique.

**177. Golfes.** — Les mers que nous venons de nommer forment 5 golfes principaux, savoir :

3 formés par l'Océan Atlantique; c'est :

La baie d'*Hudson*, qui forme
elle-même celle de *James*,
Le golfe *Saint-Laurent*,
La baie de *Fundi*, } à l'E. de la Nouvelle-Bretagne.

2 par la mer des Antilles :

Celui du *Mexique*, à l'E. du Mexique;
Celui de *Honduras*, au N. E. du Guatémala.

**178. Détroits.** — Outre le *détroit de Behring*, dont nous avons déjà parlé (90), on doit encore remarquer dans l'Amérique septentrionale 7 détroits principaux, au moyen desquels l'Atlantique communique, savoir :

Par celui de *Davis*, avec la mer de Baffin, et par ceux de *Lancastre*, de *Barrow* et de *Banks*, avec l'Océan Glacial Arctique, ce qui constitue le passage au N. de l'Amérique;
Par celui d'*Hudson*, avec la baie d'Hudson;
Par celui de *Belle-Ile*, avec le golfe de Saint-Laurent;
Par celui de la *Floride*, nommé aussi canal de *Bahama*, avec le golfe du Mexique.

**179. Fleuves.** — Les fleuves de l'Amérique septentrionale, au nombre de 4 principaux, se distribuent ainsi entre les mers qui l'entourent, savoir :

1 tombe dans l'Océan Arctique; c'est :

Le *Mackensie*, qui arrose la Nouvelle-Bretagne;

2 dans l'Océan Atlantique; savoir :

Le *Saint-Laurent*, qui arrose la Nouvelle-Bretagne et tombe dans le golfe Saint-Laurent;

Le *Mississipi*, qui arrose les États-Unis et tombe dans le golfe du Mexique.

1 tombe dans le Grand Océan ; c'est

La *Colombia*, qui arrose l'O. des États-Unis.

**180. Lacs.** — Le N. de l'Amérique septentrionale est parsemé de lacs, parmi lesquels on en distingue surtout 12 principaux, savoir :

| | |
|---|---|
| Le lac du *Grand-Ours*, Le lac de l'*Esclave*, Le lac des *Montagnes*, Le lac des *Rennes*, | qui s'écoulent par le Mackensie, dans l'Océan Glacial ; |
| Le *Petit-Ouinipeg*, Le *Grand-Ouinipeg*, | dont le dernier tombe dans la baie d'Hudson ; |
| Le lac *Supérieur*, Le lac *Michigan*, Le lac *Huron*, Le lac *Érié*, Le lac *Ontario*, | qui tombent les uns dans les autres, et s'écoulent dans l'Atlantique par le fleuve Saint-Laurent ; |

Le lac *Champlain*, dans les États-Unis, qui s'écoule aussi dans l'Océan Atlantique par le Saint-Laurent.

2 autres lacs sont situés à l'O. et au S., savoir :

Le *Grand lac Salé*, à l'O., entouré par les montagnes Rocheuses ;
Le lac de *Nicaragua*, au S., qui s'écoule dans la mer des Antilles.

**181. Niagara.** — La communication entre le lac Érié et le lac Ontario a lieu par un fleuve nommé le *Niagara*, qui, un peu avant son entrée dans le lac Ontario, se précipite d'une hauteur de 52 mètres, et forme ainsi une cataracte, dont le bruit s'entend à une très-grande distance.

**182. Presqu'îles.** — On compte dans l'Amérique septentrionale 6 presqu'îles remarquables, savoir :

Le *Labrador*, au N. E. de la Nouvelle-Bretagne ;
La *Nouvelle-Écosse*, à l'E. de la Nouvelle-Bretagne ;
La *Floride*, au S. E. des États-Unis ;
Le *Yucatan*, au S. E. du Mexique ;
La *Vieille-Californie*, à l'O. du Mexique ;
L'*Alaska*, au S. O. de l'Amérique russe.

**183. Caps.** — Les caps les plus remarquables sont au nombre de 6, savoir :

Le cap *Farewel*, au S. O. du Groënland ;
Le cap *Hatteras*, à l'E. des États-Unis ;
Le cap *Catoche*, au N. E. du Yucatan ;
Le cap *Saint-Lucas*, au S. de la Vieille-Californie ;
Le cap *Mendocino*, à l'O. de la Californie ;
Le cap *Glacé*, au N. de l'Amérique russe.

**184. Montagnes.** — On en distingue, dans l'Amérique septentrionale, 3 chaînes principales, savoir :

Les monts *Océaniques*, qui bordent toute la côte du Grand Océan ;
Les *montagnes Rocheuses*, qui commencent sur les bords de l'Océan Glacial Arctique, et se prolongent sous différents noms jusqu'à l'isthme de Panama ;
Les *Alléghanys*, nommées aussi *Apalaches*, au S., et les *montagnes Bleues*, à l'E.; elles traversent les États-Unis du N. E. au S. O.

**185. Volcans.** — Les volcans sont en très-grand nombre dans les deux chaînes des montagnes Océaniques et Rocheuses.

Les 2 plus remarquables sont :

Le *Saint-Élie*, dans l'Amérique russe ;
Le *Popocatepel*, dans le Mexique.

## TERRES ARCTIQUES.

**186. Divisions.** — Nous comprenons sous le nom de *Terres Arctiques* toutes les terres encore peu connues qui s'étendent au N. et au N. E. de l'Amérique, et dont les plus remarquables sont :

**187.** Le *Groënland*, compris entre la mer de Baffin et le détroit de Davis, au S. O.; l'Océan Atlantique, au S. E.; et l'Océan Glacial Arctique, au N. E.; ses bornes vers le N. O. sont inconnues. La pêche de la ba-

leine, qui abonde sur les côtes, y a fait former par le
Danois plusieurs établissements, parmi lesquels :

*Gothaab*, à l'O., *Julianeshaab*, au S., et *Upernavick*,
au N., sont les principaux.

Les Anglais en réclament la partie septentrionale.

**188.** Au N. O. de la mer de Baffin sont situées les
terres les plus septentrionales qui aient été reconnues :
elles portent le nom de *Terre Grinnel* et *Terre Elles-
mere*, au S. de la précédente.

**189. Notions diverses sur les Terres Arctiques.** — Les
Terres Arctiques semblent former autour du pôle dont elles portent
le nom un immense archipel dont les iles sont séparées entre elles
par un grand nombre de bras de mer ou de détroits presque toujours embarrassés de glaces qui entravent la navigation entre l'Atlantique et le Grand Océan, et qui n'ont été franchies pour la première fois qu'en 1853 par le capitaine américain Mac-Clure. Dans
ces contrées, l'hiver dure jusqu'à neuf mois, et les parties les plus
septentrionales qui aient été visitées sont pendant quatre mois et
plus plongées dans les ténèbres de la nuit. Les indigènes de ces
tristes régions, connus sous le nom d'*Eskimaux*, paraissent appartenir à la même race que les Lapons de l'Europe et les Samoïèdes de
l'Asie. Ils ne vivent que de leur pêche et passent l'hiver dans des
espèces de tanières qu'ils se creusent dans la terre. Une secte de la
religion protestante, nommée les *frères Moraves*, a converti au christianisme une partie de ceux qui habitent le Groënland et dont le
nombre est estimé à 14 000, non compris 6000 Danois.

## NOUVELLE-BRETAGNE.

**190. BORNES.** — La Nouvelle-Bretagne, nommée ainsi par les Anglais, auxquels elle appartient, a pour bornes :

Au N., le détroit de la baie d'Hudson et l'Océan Glacial Arctique ;
A l'O., l'Amérique russe et le Grand Océan ;
Au S., les États-Unis ;
A l'E., l'Océan Atlantique.

La Nouvelle-Bretagne comprend, en outre, un assez grand nombre d'îles situées sur les côtes des différentes mers qui lui servent de bornes.

**191. VILLES REMARQUABLES.** — *Ottawa*, petite ville sur un affluent du Saint-Laurent, capitale du *Dominion* ou confédération des divers États de l'Amérique anglaise ; *Québec*, sur le fleuve Saint-Laurent, ancienne capitale du *Canada*, la plus belle province de la Nouvelle-Bretagne, cédée par la France à l'Angleterre, en 1753 ;

A l'O., *Montréal*, ville très-peuplée et très-commerçante sur le Saint-Laurent ; *Toronto*, sur le lac Ontario, principale ville du *haut Canada* ;

A l'E., *Frédérickstown*, capitale du *Nouveau-Brunswick* ; *Halifax*, bon port sur l'Atlantique, capitale de la *Nouvelle-Écosse*.

**192. ILES.** — Dans l'Océan Atlantique :

*Terre-Neuve*, séparée du continent par le golfe Saint-Laurent et le détroit de Belle-Ile ; elle est remarquable par le banc de sable situé à l'E. et sur lequel se fait la pêche de la morue ;

*Saint-Jean*,
L'ile du *Cap-Breton*, } au S. O. de Terre-Neuve ;

Les *Bermudes*, à 900 kilomètres de la côte orientale des États-Unis.

Il faut ajouter à ces iles celles de *Saint-Pierre* et *Miquelon*, au S. de Terre-Neuve, qui appartiennent à la France.

Dans le Grand Océan :

L'ile de la *Reine Charlotte*, }
L'ile *Quadra et Vancouver*, } dans l'archipel *Quadra et Vancouver*.

**193. Notions diverses.** — On estime la superficie de la Nouvelle-Bretagne à 68 000 myriamètres carrés environ ; mais il n'y a que la partie S. E. qui puisse être considérée comme appartenant réellement à l'Angleterre : toutes les contrées situées à l'O. et au N., parcourues par de misérables tribus sauvages, qui vivent de leur chasse et de leur pêche, n'ont pour elle d'importance qu'à cause des riches fourrures qu'elles lui fournissent. Les contrées du S. E., peuplées de plus de trois millions et demi d'habitants, en partie français et catholiques, sont belles et fertiles.

# ÉTATS-UNIS.

**194. Bornes.** — Les États-Unis ont pour bornes :

Au N., la Nouvelle-Bretagne ;
A l'O., le Grand Océan et le Mexique ;
Au S., le golfe du Mexique et le Mexique ;
A l'E., l'Océan Atlantique.

Capitale. — *Washington*, résidence du président de la république, et siége du congrès.

Villes remarquables. — Au N. E., *New-York*, la

Montréal au Canada.

ville la plus commerçante et la plus peuplée des États-Unis; *Philadelphie*, siége du congrès avant la fondation de Washington; au N., *Chicago*, sur le lac Michigan, centre du commerce des céréales.

A l'O., *San Francisco*, port sur l'Océan Pacifique, devenu le plus commerçant de cette côte depuis la découverte des mines de la Californie;

Au S., la *Nouvelle-Orléans*, port sur le golfe du Mexique.

**195. POSSESSIONS ÉLOIGNÉES.** — Les États-Unis possèdent au N. de la Nouvelle-Bretagne de vastes contrées qu'ils nomment *Alaska*, autrefois connues sous le nom d'*Amérique Russe* et qui comprennent le N. O. du continent américain, et plusieurs archipels, savoir:

Les îles *Aléoutes* ou *Aléoutiennes*, nommées *Iles aux Renards*, qui forme une chaine qui semble lier l'Amérique à l'Asie;

L'*archipel du Roi George*, où l'on distingue l'île de *Sitka*, sur laquelle est bâti le fort de la *Nouvelle-Arkhangelsk*, ancien chef-lieu des possessions russes dans l'Amérique;

L'*archipel du Prince de Galles*, au S. de celui du Roi George.

Ces deux archipels font partie de celui de *Quadra et Vancouver*.

**196. Notions diverses.** — Les États-Unis ont près de 93 530 myriamètres carrés, et plus de 38 millions et demi d'habitants, dont 2 millions et demi de noirs. La religion dominante est le protestantisme, divisé en un grand nombre de sectes. Les États-Unis forment une république fédérative composée, depuis la réunion de plusieurs territoires, de 37 États indépendants, ayant chacun leur gouvernement particulier, mais dont les intérêts généraux sont réglés et administrés par un congrès composé d'un sénat et d'une chambre de représentants, et par un président élu pour quatre ans.

L'immense territoire des États-Unis offre toutes les productions de l'Europe et de plus du sucre, du coton, de l'indigo, etc. ; le fer, le plomb, le cuivre, la houille y sont en abondance. Depuis 1848, on a découvert en Californie, particulièrement dans le bassin du Sacramento, des mines d'or dont les richesses ont attiré dans ce pays des émigrants de toutes les parties du monde. Des mines d'argent extrêmement riches existent dans la chaîne de montagne qui sépare le versant de l'Océan Pacifique de celui de l'Atlantique.

**Possessions éloignées.** — Les États-Unis ont acquis en 1867 de l'empereur de Russie les contrées connues sous le nom d'Amérique Russe, situées sous un climat très-froid ; elles ne comptent que 60 000 habitants, vivant du produit de leur chasse et du commerce des fourrures précieuses.

## MEXIQUE.

**197. BORNES.** — Le Mexique a pour bornes :
Au N., les États-Unis ;
A l'O., le Grand Océan ;
Au S., le Grand Océan et l'Amérique centrale ;
A l'E., la mer des Antilles et le golfe du Mexique.

**CAPITALE.** — *Mexico*, au S., une des plus belles villes du nouveau continent.

**VILLES REMARQUABLES.** — Vers le S., *Puebla*, la seconde ville du Mexique ; *Vera-Cruz*, port sur le golfe du Mexique, défendu par le fort de *Saint-Jean d'Ulloa*.

**198. Notions diverses.** — Le Mexique a environ 20 000 myriamètres carrés, et plus de 7 millions et demi d'habitants, tous catholiques. C'était la plus riche des colonies espagnoles dans le nouveau monde, tant par ses mines, qui fournissaient plus d'or et d'argent que toutes les autres de l'Amérique, que par les productions précieuses de son sol fertile en blé, sucre, cacao, vanille, coton, indigo, tabac et bois recherchés. L'élévation de ce beau pays, traversé par de nombreuses chaînes de montagnes, en rend la tem-

pérature généralement douce et salubre; les côtes seules sont
chaudes et malsaines. A la suite d'une longue anarchie le Mexique
fut occupé en 1863 et 1864 par une armée française. La presqu'île
du *Yucatan*, où les Anglais ont des établissements, est riche en
bois de teinture connu sous le nom de *bois de Campêche*.

---

## AMÉRIQUE CENTRALE.

**199.** BORNES. — L'Amérique centrale, nommée autrefois *Guatémala*, a pour bornes :

Au N., le Mexique ;

A l'O., 
Au S.,  } le Grand Océan ;

A l'E., l'isthme de Panama et la mer des Antilles.

**200.** DIVISIONS. — Ce pays se partage en cinq États
indépendants, savoir : le *Guatémala*, *San-Salvador*,
*Honduras*, *Nicaragua*, et *Costa-Rica*.

VILLES REMARQUABLES. — *Guatémala*, près de la
côte du Grand Océan, à 35 kilomètres au S. du *Vieux-
Guatémala*, détruit en 1777, par un tremblement de
terre qui dura cinq jours et fit périr neuf mille per-
sonnes ;

Au S., *Léon*, capitale de l'État de *Nicaragua*, qui
prend son nom d'un lac dont les eaux s'écoulent dans
la mer des Antilles. — *San-Salvador*, capitale de l'État
de ce nom. — *Camayagua*, capitale du Honduras, et
*San-Jose*, capitale du Costa-Rica.

**201. Notions diverses.** — L'Amérique centrale a environ 5260
myriamètres carrés, et plus de 2 millions et demi d'habitants, catholiques. Son climat et ses productions sont à peu près les mêmes que
ceux du Mexique. La fertilité de son sol en ferait la contrée la

plus agréable de l'Amérique, s'il n'était exposé à de violents trem
blements de terre.

---

## ANTILLES.

**202.** Position et divisions. — Le grand archipel
des Antilles, situé entre les deux Amériques, au N. E.,
et au S. E. de la mer à laquelle il donne son nom, se
divise naturellement en trois groupes principaux, savoir :

Les îles *Lucayes*, au N.;
Les *Grandes Antilles*, au centre ;
Les *Petites Antilles*, au S. E.

**203. Notions diverses.** — La superficie des Antilles est évaluée
à 2570 myriamètres carrés, et leur population à 3 millions d'habitants, la plupart catholiques et appartenant à trois races : les
*blancs*, Européens ou d'origine européenne ; les *noirs*, transportés
de l'Afrique, et les *gens de couleur*, nés du mélange des blancs et
des noirs. On ne connaît aux Antilles que deux saisons : la saison
sèche, qui dure depuis la fin d'octobre jusqu'en avril, et celle des
pluies tout le reste de l'année. Pendant la première, le ciel des Antilles est le plus serein de la terre ; mais la dernière est signalée
par de violents orages et d'affreux ouragans. Ces îles sont sujettes à
d'épouvantables tremblements de terre. Les plus riches productions
de l'Asie, de l'Afrique et de l'Amérique couvrent le sol de ces îles :
le sucre, le café, l'indigo en sont les plus abondantes. On y cultive
aussi la plupart des plantes de l'Europe ; mais presque tous les
grands animaux qu'on a essayé d'y transporter de notre continent y périssent promptement ; le cochon et le lapin seuls s'y sont
bien acclimatés.

### 204. Iles Lucayes.

Les îles Lucayes, ou *Bahama*, sont au nombre de
500 environ et appartiennent aux Anglais. La plus remarquable est celle *San-Salvador* ou *Saint-Sauveur*,

ainsi nommée par Christophe Colomb, qui y aborda le 12 octobre 1492. C'est la première terre découverte dans le nouveau monde.

### 205. Grandes Antilles.

Les Grandes Antilles sont au nombre de 5, savoir :

*Cuba*, au N. E., capitale *la Havane*. Cette ile, riche et fertile, appartient à l'Espagne.

La *Jamaïque*, au S. de Cuba, capitale *Kingstown*, à l'Angleterre ;

*Porto-Rico*, à l'E., capitale *Saint-Jean*, aux Espagnols.

### 206. *Haïti* ou *Saint-Domingue*, au S. E. de Cuba.

VILLES PRINCIPALES. — *Port-au-Prince*, au S. O., capitale d'une république formée de la partie de l'île appartenant autrefois à la France, qui la perdit par la révolte des nègres, en 1793. — *Santo-Domingo*, à l'E., capitale de la partie autrefois espagnole, et qui forme une république indépendante.

### 207. Petites Antilles.

Les Petites Antilles se divisent en *Iles-du-Vent*, au S. E. des Grandes Antilles, et *Iles-sous-le-Vent*, le long du continent de l'Amérique méridionale. Les principales sont partagées entre les Français, les Anglais, les Hollandais, les Danois, les Suédois et les Espagnols de la manière suivante, savoir :

### 208. Aux Français.

La *Guadeloupe*, au centre des Petites Antilles, divisée en deux iles, dont les villes principales sont : la

La Havane, capitale de l'île de Cuba.

*Basse-Terre* et la *Pointe-à-Pître*, ravagée en 1843 par
un affreux tremblement de terre, et en 1871 par un
terrible incendie. Elle produit beaucoup de sucre ;

*Marie - Galante,*
*La Désirade,*          près des côtes orientales de la
*Les Saintes,*                 Guadeloupe ;

La *Martinique*, au S. E. de la Guadeloupe ; capitale
le *Fort-de-France*, la plus grande ville et le siége du
gouvernement des Antilles françaises : cette île produit beaucoup de sucre et le meilleur café des Antilles ;

*Saint-Martin*, au N. des Antilles. Les Français en
possèdent seulement la partie septentrionale (210).


## 209. Aux Anglais.

*Antigoa*, au N. E., avec un bon port ;
La *Dominique*, entre la Guadeloupe et la Martinique ;
*Sainte-Lucie*, fertile, mais malsaine ;
La *Barbade*, la plus orientale des Antilles et la plus
importante, par sa population et son commerce, de
celle des Petites Antilles qui appartiennent à l'Angle-
terre ;
*Tabago*, au S. O. de la Barbade ;
La *Trinité*, la plus méridionale et la plus grande
des Iles-sous-le-Vent.


## 210. Aux Hollandais.

*Saint-Martin*, partie méridionale ;
*Saba,*
*Saint-Eustache,*      au N. des Iles-du-Vent ;
*Curaçao*, dans les Iles-sous-le-Vent.

### 211. Aux Danois.

*Saint-Thomas,* } dans les îles Vierges, au N.;
*Saint-Jean,*
*Sainte-Croix,* plus au S.

### 212. Aux Suédois.

*Saint-Barthélemy,* au S. E. de Saint-Martin.

### 213. Aux Espagnols.

*Sainte-Marguerite,* une des Iles-sous-le-Vent.

# AMÉRIQUE MÉRIDIONALE.

**214. Bornes.** — L'Amérique méridionale a pour bornes :

Au N., la mer des Antilles et l'isthme de Panama, qui la joint à l'Amérique septentrionale ;

A l'O., le Grand Océan ;

Au S., le détroit de Magellan, qui la sépare de la terre de Feu ;

A l'E., l'Océan Atlantique.

**215. Divisions.** — L'Amérique méridionale se divise en 10 grandes parties, savoir :

4 au nord : { La Vénézuela ;
{ La Nouvelle-Grenade ;
{ L'Équateur ;
{ La Guyane ;

|  |  |
|---|---|
| 3 à l'ouest : | Le Pérou;<br>La Bolivie;<br>Le Chili ; |
| 2 à l'est : | Le Brésil;<br>La Plata, avec le Paraguay et l'U-<br>ruguay; |
| 1 au sud : | La Patagonie. |

**216. Mers qui baignent l'Amérique méridionale.** — Les seules mers qui baignent l'Amérique méridionale sont celles que nous avons indiquées en nommant ses bornes; savoir : l'Océan Atlantique, la mer des Antilles et le Grand Océan. Elles ne forment elles-mêmes aucune autre mer, mais seulement des golfes dont l'enfoncement n'est même pas très-considérable.

**Golfes.** — On en compte 10 principaux, savoir :

4 formés par l'Atlantique :

La baie de *Tous-les-Saints*, à l'E. du Brésil ;
Le golfe *Saint-Antoine*,
Le golfe *Saint-George*,  } à l'O. de la Patagonie ;
La *Grande-Baie*,

4 formés par le Grand Océan :

Le golfe de *Penas*,
Le golfe de *Los Chonos*,  } à l'O. de la Patagonie ;
Celui de *Guayaquil*, au S. O. de la Colombie ;
Celui de *Panama*, au S. de l'isthme ;

2 formés par la mer des Antilles :

La baie de *Darien*,
Le golfe de *Maracaïbo*,  } au N. de la Colombie.

**217 Détroits.** — On en peut citer 2, savoir :

Le détroit de *Magellan*, qui sépare l'Amérique de la terre de Feu ;
Le détroit de *Lemaire*, entre la terre de Feu et celle des États.

**218. Lacs.** — Les 4 principaux sont :

Le lac *Macaraïbo*, au N. de la Colombie ;
Le lac *Titicaca*, au S. du Pérou;
Le lac de *Los Patos*,
Le lac *Mérim*,  } au S. du Brésil.

**219. Fleuves.** — Les fleuves les plus considérables de l'Amérique méridionale tombent dans l'Océan Atlantique ; ces fleuves sont :

L'*Orénoque*, qui arrose la partie orientale de la Colombie ;

Le fleuve des *Amazones*, ou *Maragnon*, qui dispute au Mississipi (179) l'honneur d'être le plus grand fleuve de l'Amérique. Il sort du Pérou, et traverse le Brésil. Plusieurs de ses affluents, tels que la *Madeira*, le *Topayos* et le *Xingu*, égalent les plus grands fleuves de l'Europe ;

Le *Tocantin* ou *Para*, qui arrose le Brésil et communique avec l'Amazone vers son embouchure ;

Le *San-Francisco*, qui arrose le Brésil ;

La *Plata*, formée du *Paraguay*, du *Parana* et de l'*Uruguay*, qui arrosent le Brésil, le Paraguay et les républiques de l'Uruguay et de la Plata, pays auxquels ces diverses rivières donnent leurs noms.

**220. Caps.** — Les 9 caps les plus remarquables sont

Le cap *Gallinas*, au N. de la Colombie ;

Le cap *Orange*,

Le cap *Saint-Roch*, } sur la côte du Brésil ;

Le cap *Frio*,

Le cap *Horn*, au S. de la terre de Feu ;

Le cap *Saint-Antoine*, au S. E. de la Plata ;

Le cap des *Vierges*, au S. E. de la Patagonie ;

Les caps ou pointes de { *Aguja*, *Parina*, } au N. O. du Pérou.

**221. Montagnes et volcans.** — La chaîne la plus considérable est la *Cordilière des Andes*, qui longe toute la côte occidentale de l'Amérique méridionale, et qui renferme les plus hautes montagnes du monde après l'Himalaya (95). L'*Antisana*, le *Cotopaxi* et le *Pichincha* en sont les volcans les plus remarquables.

# VÉNÉZUELA, NOUVELLE-GRENADE, ÉQUATEUR.

**222. Bornes.** — La contrée appelée Colombie est divisée depuis l'année 1830 en trois républiques distinctes, savoir : le *Vénézuéla*, à l'E., la *Nouvelle-Grenade*, au N. O., et la république de l'*Équateur*, au S. O.; elle a pour bornes :

Au N., la mer des Antilles ;

A l'O., l'Amérique centrale et le Grand Océan ;
Au S., le Pérou et le Brésil ;
A l'E., la Guyane anglaise et l'Océan Atlantique.

VILLES REMARQUABLES. — *Caracas*, capitale du *Vénézuéla*, près de la mer des Antilles ; *Santa-Fé de Bogota*, capitale de la *Nouvelle-Grenade*, dans une plaine fort élevée au pied des Andes ; *Panama*, sur l'Océan Pacifique, reliée par un chemin de fer à *Colon-Aspinwal* sur l'Atlantique ; *Quito*, capitale de la république de l'*Équateur*, sur le penchant du volcan Pinchincha (221).

**223. Notions diverses.** — On peut évaluer la superficie de la Colombie à plus de 28000 myriamètres carrés, et sa population à 5 millions et demi d'habitants, tous catholiques. Ce pays renferme les plus hautes montagnes et les volcans les plus redoutables des Andes. Le climat, doux et salubre dans les parties élevées, est humide, chaud et malsain sur les côtes. Le sol produit en abondance du cacao, de l'indigo, du quinquina, du tabac, etc. ; il recèle de l'or, de l'argent, du platine, et les plus riches mines d'émeraudes que l'on connaisse.

----

## GUYANE.

**224. BORNES.** — La Guyane a pour bornes :

A l'E., }
Au N., } l'Océan Atlantique ;
A l'O., la Colombie et le Brésil ;
Au S., le Brésil.

DIVISIONS ET CAPITALES. — La Guyane se divise en trois parties, savoir :

La Guyane *anglaise*, au N. O., capitale *Stabrock*, ou *Georgetown*, près de la côte ;

La Guyane *hollandaise*, au centre, capitale *Paramaribo*, belle ville sur la rivière de *Surinam*, par le nom de laquelle on désigne quelquefois ce pays ;

La Guyane *française*, au S. E., capitale *Cayenne*, dans une île qui porte le même nom, près de la côte.

**225. Notions diverses.** — La Guyane a environ 5800 myriamètres carrés, et 200 000 habitants, dont 28 000 environ pour la partie française, dans laquelle est fondée une colonie pénitentiaire. L'intérieur est peu connu, et habité par des tribus indiennes, dont les *Galibis* forment la principale. La chaleur du climat est tempérée par les vents qui règnent sur les côtes, par de nombreuses rivières et par d'immenses forêts. Le café, le sucre, le coton, le cacao en sont les productions principales.

## PÉROU.

**226. BORNES.** — Le Pérou a pour bornes :

Au N., la République de l'Équateur ;

A l'O., le Grand Océan ;

Au S , le Grand Océan et la Bolivie ;

A l'E., la Bolivie et le Brésil.

**CAPITALE.** — *Lima*, à 2 kilomètres de l'Océan.

**VILLE REMARQUABLE.** — Vers le S., *Cuzco*, capitale de l'empire des *Incas*, avant la conquête des Espagnols.

**227. Notions diverses.** — Le Pérou, qui, en 1836, s'est divisé en deux États distincts, a 25 000 myriamètres carrés, et 2 millions et demi d'habitants, dont moitié forme le reste de la population du puissant empire que gouvernaient les *Incas*, regardés comme les fils du soleil, et où l'or était si abondant, que les Espagnols, à leur arrivée, le trouvèrent employé aux plus vils usages. C'est la chaîne des Andes qui recèle ce riche métal, et en outre, de l'argent, du mercure, des émeraudes, etc. Le pays compris entre cette chaîne et la mer n'est qu'une côte sablonneuse et aride, où la pluie est inconnue ; à l'E. s'étendent d'immenses plaines chaudes et humides, arrosées par les nombreuses rivières qui se rendent dans l'Amazone. En gravissant les Andes, on arrive par degrés jusqu'à la région des neiges perpétuelles ; de sorte que l'on trouve au Pérou toutes les températures et, par conséquent, les productions les plus variées. Le gouvernement du Pérou est républicain ; la religion catholique y est seule tolérée.

## BOLIVIE ou HAUT-PÉROU.

**228. BORNES.** — La Bolivie, nommée aussi le *Haut-Pérou*, a pour bornes :

Au N., le Brésil ;
A l'O., le Pérou et le Grand Océan ;
Au S., le Chili et la Plata ;
A l'E., le Brésil.

CAPITALE. — *Chuquisaca*, appelée aussi *la Plata*, nom qui signifie argent, à cause des mines abondantes de ce métal situées dans le voisinage.

VILLES REMARQUABLES. — A l'O., *la Paz*, capitale d'une province abondante en or ; *Potosi*, fameuse par ses riches mines d'argent.

**229. Notions diverses.** — La Bolivie a environ 7300 myriamètres carrés, et deux millions d'habitants, professant la religion catholique. Il avait d'abord fait partie des Provinces-Unies de la Plata ; mais, en 1825, il s'est érigé en république indépendante. Depuis, il a formé avec le Pérou, jusqu'en 1836, la confédération *Péru-Bolivienne*. La portion de ce pays située à l'O. des Andes est, comme dans le Pérou, un désert aride et inhabitable, connu sous le nom de désert d'*Atacama* ; les contrées situées à l'O. de ces montagnes consistent en plaines, souvent inondées dans la saison des pluies, et qui produisent la vigne, l'olivier, le palmier, le cotonnier, la canne à sucre, etc. Les montagnes renferment de riches mines d'or et d'argent.

Cayenne, capitale de la Guyanne française.

## CHILI.

**230.** BORNES. — Le Chili a pour bornes :
Au N., la Bolivie ;
A l'O., le Grand Océan ;
Au S., la Patagonie ;
A l'E., la Patagonie et la Plata ;

CAPITALE. — *Santiago*, au centre, dans une position agréable.

VILLES REMARQUABLES. — Au N. O., *Valparaiso*, le meilleur port du Chili, ville très-commerçante ; au S., la *Conception*, non loin des bords de l'Océan.

ARAUCANIE. — Le S. E. du Chili est habité par une nation guerrière nommée les *Araucanos*, qui n'a jamais pu être soumise par les Espagnols.

ILES. — L'archipel de *Chiloé*, situé au S. du Chili, est considéré comme en faisant partie ; *Castro* en est le chef-lieu.

**231. Notions diverses.** — Le Chili a 3370 myriamètres carrés et 1 700 000 habitants ; il forme une république où la religion catholique est la seule reconnue. La fertilité du sol répond à la douceur du climat ; on y trouve la vigne, l'olivier et la plupart des productions des deux continents ; mais ce beau pays est souvent bouleversé par des tremblements de terre produits par les volcans qui brûlent dans les Andes, dont les flancs recèlent aussi d'abondantes mines d'or, d'argent et de cuivre.

## BRÉSIL.

**232.** Bornes. — Le Brésil a pour bornes :

Au N., l'Océan Atlantique, la Guyane, le Vénézuéla et la Nouvelle-Grenade ;

A l'O., l'État de l'Équateur, le Pérou et la Bolivie ;

Au S., les États de la Plata et l'Océan Atlantique ;

A l'E., l'Océan Atlantique.

Capitale. — *Rio-Janeiro*, au fond d'une baie qui forme un des ports les plus beaux et les plus vastes du monde.

Villes remarquables. — A l'E., *Pernambouc*, la ville la plus orientale du nouveau continent ; on lui donne quelquefois le nom d'*Olinda*, d'une petite ville qui en est très-proche ; — *San-Salvador*, nommée aussi *Bahia*, sur la baie de Tous-les-Saints, une des villes les plus commerçantes du Brésil, dont elle a été la capitale avant Rio-Janeiro.

Iles. — Parmi les îles situées sur la côte du Brésil, on remarque l'île marécageuse de *Marajo*, formée par les bras de l'Amazone, à son embouchure, et celle de *Sainte-Catherine*, au S., remarquable par sa fertilité.

**233. Notions diverses sur le Brésil.** — Le Brésil a 75 160 myriamètres carrés, et 10 millions d'habitants, dont la moitié environ est formée de nègres esclaves, et d'Indiens ou *Peaux-Rouges*, premiers habitants du pays. Cet État est une monarchie constitutionnelle gouvernée par un empereur ; la religion catholique y est seule permise. Le N. du Brésil se compose de plaines marécageuses, souvent inondées par l'Amazone et ses affluents ; les provinces du sud sont montagneuses, salubres et fertiles ; on y trouve réunies toutes les productions végétales de l'Amérique, et les productions minérales les plus précieuses, telles que l'or, les topazes, les diamants, etc. Le jaguar, les singes, les crocodiles, le serpent à sonnettes, les autruches, les perroquets sont les animaux les plus remarquables.

---

## LA PLATA.

**234.** BORNES. — Les *Provinces-Unies de la Plata*, celles du *Paraguay* et de l'*Uruguay*, après avoir formé, pendant plusieurs années, une même république, constituent aujourd'hui trois États indépendants, dont les territoires réunis ont pour bornes :

Au N., le Brésil et la Bolivie ;
A l'O., le Chili ;
Au S., la Patagonie ;
A l'E., l'Océan Atlantique et le Brésil.

CAPITALES. — Au N. *l'Assomption*, capitale de l'État du *Paraguay ;*

Au S., *Buénos-Ayres*, capitale de la province de son nom, port très-commerçant, à l'embouchure de la *Plata*, fleuve qui a donné son nom à la république dont cette ville est redevenue la capitale après en avoir été séparée durant plusieurs années, pendant lesquelles *Parana*, sur le fleuve de ce nom, fut capitale de la république ;

Au S. E., *Montevideo*, bon port près de l'embouchure de *la Plata*, capitale de la république de l'*Uruguay*, province qui n'est devenue un État indépendant qu'après avoir été le sujet de longues contestations entre le Brésil et la république de la Plata.

**235. Notions diverses sur la Plata.** — Les trois républiques des Provinces-Unies de la Plata, du Paraguay et de l'Uruguay ont ensemble environ 24 000 myriamètres carrés et 3 500 000 habitants. Celle de la Plata est la première des colonies espagnoles du nouveau monde qui se soit déclarée indépendante de la mère patrie.

Le Paraguay est soumis à l'autorité d'un chef absolu qui prend le titre de président. La religion catholique est seule admise au Paraguay; elle est dominante dans la Plata, mais les autres cultes sont tolérés. La portion de la Plata qui est traversée par le fleuve qui lui donne son nom, et celle qui se trouve entre ce fleuve et les Andes, sont généralement marécageuses. Au S. s'étendent d'immenses plaines salées et couvertes d'herbes fort hautes, connues sous le nom de *Pampas*; au pied des Andes se trouvent de fertiles vallées où croissent toutes les productions des autres contrées de l'Amérique. Les troupeaux de bœufs surtout sont très-nombreux dans ce pays, où l'on trouve aussi des crocodiles et des autruches.

## PATAGONIE.

**236.** Bornes. — La Patagonie a pour bornes :
Au N., la Plata et le Chili;
A l'O., le Grand Océan;
Au S., le détroit de Magellan;
A l'E., l'Océan Atlantique.

Peuples qui l'habitent. — La Patagonie, appelée quelquefois aussi *Terre Magellanique*, de Magellan, qui la découvrit, ne renferme que des villages. Les Patagons, longtemps vantés pour leur taille, qu'on supposait à tort extraordinaire, sont d'un naturel doux, bons cavaliers et habiles à manier la fronde.

**237. Notions diverses.** — La Patagonie, qui occupe toute la pointe méridionale de l'Amérique, a une superficie estimée à 13 800 myriamètres carrés; sa population, qui est fort peu connue, est évaluée à 350 000 habitants, qui sont restés jusqu'ici indépendants. Leur pays, sujet à de brusques changements de température et à de violents coups de vent, paraît peu fertile. Les côtes orientales sont arides et sablonneuses; la partie occidentale est couverte de montagnes.

## 238. ILES DE L'AMÉRIQUE MÉRIDIONALE.

Parmi les îles que l'on rattache ordinairement à l'Amérique méridionale, on remarque :

La *terre de Feu*, séparée de la Patagonie par le détroit de Magellan, et composée d'un assez grand nombre d'îles volcaniques presque toujours glacées, et séparées entre elles par de nombreux détroits;

La *terre des États*, séparée de la *terre de Feu* par le détroit de Lemaire. Les Anglais y ont un établissement;

Les *Iles Malouines*, où les Français, les Anglais et les Espagnols ont eu successivement des établissements aujourd'hui abandonnés;

La *Nouvelle-Géorgie* et l'archipel *Sandwich*, couverts de glaces éternelles;

Les terres *Louis-Philippe*, *Adélie* et *Victoria*, côtes glacées d'un vaste continent qui semble occuper la partie australe du globe.

On peut citer encore les îles de *Fernando-Noronha*, de la *Trinité* et de *Martin-Vaz*, toutes rocailleuses et appartenant au Brésil, vis-à-vis la côte duquel elles sont situées; celles de *Saint-Félix* et de *Juan-Fernandez*, vis-à-vis la côte du Chili. C'est dans la dernière que fut abandonné, en 1709, le matelot écossais Selkirk, qui a donné lieu au roman de *Robinson Crusoé*.

# OCÉANIE.

**239.** POSITION. — Les îles qui composent l'Océanie sont dispersées, comme nous l'avons dit (16), dans toute la partie du Grand Océan qui s'étend entre les deux continents, et surtout au S. E. de l'Asie.

DIVISIONS. — L'Océanie se divise en 4 parties, savoir :

La *Malaisie*, au N. O.;
La *Mélanésie*, au S. O. ;
La *Micronésie*, au N.;
La *Polynésie*, à l'E.

**240. Notions diverses.** — L'Océanie, celle des cinq parties du monde qui embrasse sur le globe l'espace le plus étendu, est cependant, déduction faite des mers, la plus petite et la moins peuplée de toutes. On évalue la superficie des terres qui la composent à 107 570 myriamètres carrés, et leur population à 32 millions d'habitants appartenant à deux races différentes, savoir : 1° la race malaise, sortie de la presqu'île de Malakka et l'une des variétés de la race jaune ; elle s'est répandue dans toute la Malaisie, dans la Micronésie et dans la Polynésie, et y a formé des établissements considérables ; 2° une variété de la race nègre, désignée sous le nom de *nègres océaniens*, qui paraissent les plus stupides et les plus misérables de l'espèce humaine. Un grossier fétichisme est la seule religion de la plupart d'entre eux ; une partie professe cependant le mahométisme, qui s'est répandu avec les Malais dans l'Océanie, où des missionnaires français et anglais ont porté à leur tour la religion chrétienne.

## MALAISIE.

**241.** ILES DONT ELLE SE COMPOSE. — La *Malaisie*, ou *Océanie occidentale*, d'où la race malaise paraît s'être répandue dans l'Océanie, comprend les îles connues depuis longtemps sous le nom d'*îles des Indes orientales*, et qui forment 5 archipels principaux, savoir :

Les *Philippines*, au N.;
L'archipel de la *Sonde*, au S. O.;
L'archipel de *Bornéo*, ) au centre ;
L'archipel de *Célèbes*, )
Les *Moluques*, à l'E.

### 242. Archipel des Philippines.

Les *Philippines* sont des îles volcaniques qui appartiennent aux Espagnols; les principales sont :

*Luçon*, au N., capitale *Manille*, sur un golfe de la côte méridionale, chef-lieu des établissements espagnols dans l'Océanie ;

*Mindanao*, au S., capitale *Mindanao*, résidence du plus puissant souverain indigène de l'île.

### 243. Archipel de la Sonde.

L'archipel de la *Sonde* forme une chaîne d'îles longue de près de 5000 kilomètres parmi lesquelles nous remarquerons :

Deux grandes îles, qui sont :

SUMATRA, au N. O., de 1700 kilomètres de longueur; villes principales :

*Achem*, au N. E., capitale d'un État indépendant; *Palembang*, au S. E., et *Bencoulen*, au S., appartenant

Case d'indigènes à Batavia, capitale des possessions hollandaises en Océanie.

aux Hollandais, qui occupent à peu près toutes les côtes occidentales de cette île, où *Padang* est leur chef-lieu; ils possèdent également l'île de *Banca*, sur la côte E. de Sumatra, et qui est riche en mines d'étain;

JAVA, au S. E. de Sumatra, de plus de 1000 kilomètres de longueur, appartenant entièrement aux Hollandais; villes principales :

*Batavia*, au N. E., la plus grande ville de l'Océanie et la capitale des possessions hollandaises dans cette partie du monde; — *Sourakarta* est la plus grande ville de l'intérieur;

4 îles moins considérables, que l'on nomme îles *Timoriennes*, et qui sont :

*Bali*, à l'E. de Java; *Sumbawa*, à l'E. de Bali; *Florès*, à l'E. de Sumbawa; *Timor*, au S. E. de Florès, partagée entre les Hollandais et les Portugais.

### 244. Archipel de Bornéo.

L'archipel de *Bornéo* ne renferme d'île remarquable que celle qui lui donne son nom, et qui est après l'Australie (250) la plus grande du globe; elle est divisée en un grand nombre de royaumes, dont ceux situés à l'O. et au S. obéissent aux Hollandais. Ses villes principales sont *Bornéo* au N., capitale du plus important des États indépendants; *Pontianak*, *Sambas* et *Banjer-Massing*, les plus importantes des possessions hollandaises, et *Sarawak* à l'O., capitale d'un État où les Anglais se sont établis.

### 245. Archipel de Célèbes.

*Célèbes* est aussi la seule île remarquable de son archipel; elle est découpée par des golfes profonds et partagée en plusieurs royaumes, qui tous subissent la domination ou l'alliance des Hollandais.

### 246. Archipel des Moluques.

Les *Moluques*, nommées aussi *îles aux Épices*, parce qu'elles en produisent en abondance, dépendent des Hollandais. Les principales sont :
*Gilolo*, au N., et *Céram*, au S.

**247. Notions générales sur la Malaisie.** — La Malaisie renferme environ 19 100 myriamètres carrés et 24 millions et demi d'habitants. On y retrouve toutes les productions et tous les animaux de l'Asie méridionale. Le climat y est, comme dans toute l'Océanie, tempéré par le voisinage de la mer.

**248. Notions particulières.** — Les *Philippines* sont exposées à de violents tremblements de terre et à des ouragans furieux ; mais le sol y est d'une fertilité peu commune en très-beau coton, en cannes à sucre, en cocotiers, etc. — Parmi les îles de la *Sonde*, *Sumatra* est remarquable par la haute chaîne de montagnes qui la traverse, et à laquelle elle doit, quoique sous l'équateur, son climat doux et tempéré et les sources nombreuses qui, en l'arrosant, la rendent très-fertile. — *Java* jouit à peu près des mêmes avantages ; mais les torrents qui descendent des montagnes pendant la saison des pluies inondent ses vastes plaines et les rendent insalubres. Le camphre, le benjoin, le poivre, le sucre, le café, l'indigo, le riz sont les productions principales de ces îles. — *Bornéo*, coupée par l'équateur, doit aussi aux hautes montagnes qui en couvrent l'intérieur un air constamment frais. Elle renferme des mines d'or, de diamants et de fer, des tigres, des éléphants, de grands orangs-outangs, et produit du poivre, du camphre, du girofle, de la muscade, des bambous, etc. — *Célèbes*, où l'on trouve une douce température et d'admirables paysages, produit du coton, du camphre, d'excellent riz, du bois de sandal, et le redoutable *upas*, dont le suc vénéneux est un poison terrible qui sert aux naturels à empoisonner leurs flèches. — Les *Moluques*, parmi lesquelles nous comprenons les îles appelées *Timoriennes*, sont volcaniques, pittoresques et très-fertiles.

## MÉLANÉSIE.

**249.** Iles dont elle se compose. — La *Mélanésie*,
ou *Océanie méridionale*, doit son nom à la couleur de
ses habitants, qui appartiennent à la race des nègres
océaniens (240); elle renferme 3 grandes terres et 8
archipels principaux.

Les trois grandes terres sont :

**250.** L'*Australie*, appelée d'abord *Nouvelle-Hollande* par le peuple qui l'avait découverte, et qui est
la terre la plus étendue du monde, après les deux
continents. On a jusqu'ici assez peu pénétré dans l'intérieur, mais les Anglais ont formé sur les côtes six
établissements importants, qui sont :

1° La *Nouvelle-Galles méridionale*, ou *Australie orientale* : *Sydney*, sur le port *Jackson*, est la capitale de
cette province et la principale ville des établissements
anglais, au N. de *Botany-Bay*, où avait été établie la
première colonie;

2° Le *Queensland* au N., chef-lieu *Brisbane;*

3° L'*Australie Heureuse*, au S. de la Nouvelle-Galles,
enrichie par les mines d'or qui y ont été découvertes
récemment : capitale *Melbourne;*

4° L'*Australie méridionale*, capitale *Adélaïde;*

5° L'*Australie occidentale*, capitale *Perth;*

6° L'*Australie septentrionale*, capitale *Victoria.*

**251.** La *Nouvelle-Guinée*, ou *Papouasie*, la seconde
grande terre de la Mélanésie, est située au N. E. de
l'Australie. Les Hollandais y ont un établissement à
*Dubus;*

**252.** La *Tasmanie*, ou *terre de Van-Diémen*, la troisième de la Mélanésie, située au S. de l'Australie, dont elle est séparée par le *détroit de Bass;* elle a pour capitale *Hobart-Town*, importante colonie anglaise.

**253. ARCHIPELS. —** Les 8 principaux archipels de la Mélanésie sont :

L'archipel de la *Nouvelle-Bretagne*, au N. E. de la Nouvelle-Guinée, et dont les principales îles sont : la *Nouvelle-Bretagne*, la *Nouvelle-Irlande* et le *Nouveau-Hanovre;*

Les îles de l'*Amirauté*, au N. O. de l'archipel de la Nouvelle-Bretagne :

Les îles *Salomon*,
L'archipel de la *Louisiade*,
L'archipel de *la Pérouse*, au S. E. de l'archipel
Les *Nouvelles-Hébrides*, de la Nouvelle-Bretagne;
La *Nouv.-Calédonie*, occupée
par les Français en 1854,

L'archipel des îles *Viti*, ou *Fidji*, le plus oriental de la Mélanésie.

**254. ILES. —** Parmi les îles moins considérables répandues dans la Mélanésie, on peut citer encore :

Les îles *Loyalty*, au N. E. de la Nouvelle-Calédonie.

Celle de *Norfolk*, située plus au S.; les Anglais y ont une colonie florissante.

**255. Notions générales sur la Mélanésie. —** La Mélanésie paraît renfermer environ 84 300 myriamètres carrés, et 3 millions et demi d'habitants appartenant à la race nègre océanienne, dont nous avons parlé plus haut (240).

**256. Notions diverses sur la Mélanésie. —** Le nom de la Mélanésie signifie *îles noires*, et indique, comme nous l'avons dit, la couleur des habitants de cette partie de l'Océanie. — *L'Aus-*

*tralie* ou *Nouvelle-Hollande*, moins fertile et moins variée qu' les autres terres de l'Océanie, a une population indigène peu nom: breuse, et qui semble une des espèces les plus misérables du monde ; les individus qui la composent vivent isolés et dans un état tout à fait sauvage. Les colonies anglaises établies sur cette terre dans la Tasmanie ont été formées, à l'origine, en grande partie. de condamnés qui y ont été transportés par le gouvernement. Soumis à un régime intelligent, ils y sont devenus, pour la plupart, des cultivateurs honnêtes et laborieux. — La *Nouvelle-Guinée* est appelée aussi *Papouasie*, du nom des *Papous*, ses habitants, une des variétés les plus industrieuses et les moins repoussantes d'entre les nègres océaniens. Elle abonde en cocotiers, en muscadiers, en bois de fer et d'ébène, et voit naître les charmants oiseaux de paradis. — La *Tasmanie* doit à sa fertilité et à sa salubrité l'accroissement rapide de la colonie anglaise qui l'occupe : les indigènes sont fort peu nombreux. — L'archipel de la *Nouvelle-Bretagne* et les iles de l'*Amirauté* sont peuplés d'indigènes cuivrés et d'une férocité remarquable. — Les archipels de *Salomon* et de la *Louisiade*, entrecoupés de nombreux récifs, renferment quelques iles fertiles, habitées par une race guerrière et perfide. — Celui de *La Pérouse* doit ce nom à un navigateur français envoyé par Louis XVI à la découverte des parties encore peu connues de l'Océanie, et qui périt dans ces parages, où les débris de ses vaisseaux ont été retrouvés en 1828, parmi les récifs de l'île de *Vanikoro*. — Les indigènes des îles *Viti*, malgré leur férocité et leur penchant au cannibalisme, occupent, par leur supériorité physique et intellectuelle, le premier rang dans la race mélanésienne.

---

## MICRONÉSIE.

**257.** Iles dont elle se compose. — La *Micronésie*, ou *Océanie septentrionale*, se compose, comme son nom l'indique, de *petites îles*, dont le nombre est considérable, et parmi lesquelles on peut distinguer 6 archipels principaux, savoir, du N. O. au S. E. :

L'archipel de *Bonin-Sima*, ou de *Magellan*, au S. E. du Japon ;

Les *Mariannes*, dont la principale est *Gouaham*, où les Espagnols ont un établissement important ;

Les îles *Pelew* (prononcez Péliou), dont la principale, nommée *Babelthouap*, est, avec celle de Gouaham, la plus considérable de la Micronésie ;

Les *Carolines*, qui, avec les Pelew, forment le commencement d'une longue chaîne d'îles qui se prolonge à près de 5000 kilomètres vers l'E. ;

Les îles *Marshall*, } qui terminent à l'E. la chaîne
Les îles *Gilbert*, } dont nous venons de parler.

La Micronésie comprend encore, vers le N., quelques groupes moins considérables.

**258. Notions diverses sur la Micronésie.** — On évalue à 170 myriamètres carrés l'étendue et à 200000 habitants la population de la Micronésie, la plus petite des quatre parties de l'Océanie. Ses habitants appartiennent, comme les Polynésiens, dont nous parlerons bientôt, à une variété de la race jaune ; mais ils se distinguent d'eux par une teinte cuivrée, par les langues qu'ils parlent, qui varient d'un archipel à l'autre, et aussi par leurs coutumes et leurs superstitions religieuses.

Les îles de *Bonin-Sima* sont toutes fort petites et en partie volcaniques. — Les habitants des *Mariannes* excellent dans l'art de construire des canots légers et élégants ; mais leur penchant au vol, commun d'ailleurs à beaucoup de peuplades de cette partie du monde, a valu aussi à leurs pays le nom d'*île des Larrons* ; *Agagna*, capitale de l'île de *Gouaham*, résidence du gouverneur espagnol des Mariannes, renferme, dit-on, 3000 habitants. — Les îles *Pelew*, généralement longues et étroites, sont partagées entre plusieurs chefs qui sont toujours en guerre. — Les *Carolines* forment le plus grand archipel de la Micronésie, et se composent de plusieurs groupes distincts. Leurs habitants, supérieurs en civilisation à ceux d'une grande partie de l'Océanie, les surpassent tous dans l'art de construire des barques, et doivent à la connaissance qu'ils ont des astres une habileté beaucoup plus grande dans la science de la navigation. — Les îles *Marshall*, auxquelles se rattachent les îles *Mulgrave*, comprennent aussi plusieurs groupes, entre lesquels se distinguent ceux des îles *Ralik*, au S. O., et *Radak*, au N. E., partagés entre plusieurs chefs indépendants. — Les îles *Gilbert* sont auss partagées en plusieurs groupes, dont les habitants, d'une couleur cuivrée très-foncée, sont pauvres et misérables.

## POLYNÉSIE.

**259.** Divisions. — La *Polynésie*, ou *Océanie orientale*, se compose des îles disséminées dans toute la partie orientale du Grand Océan, dans une étendue de près de 10 000 kilomètres de l'O. à l'E., sur 9000 environ du N. au S.; elle est divisée par l'équateur en *Polynésie septentrionale* ou *Polynésie méridionale*, et ne renferme que deux grandes terres, voisines l'une de l'autre, et situées, comme nous le verrons (262), dans la Polynésie méridionale.

### Polynésie septentrionale.

**260.** Iles dont elle se compose. — La Polynésie septentrionale, beaucoup moins étendue que la méridionale, ne renferme qu'un seul archipel remarquable, savoir :

Celui d'*Hawaii*, nommé aussi les *îles Sandwich*, découvertes par le fameux capitaine Cook, qui y fut tué par les naturels. Ces îles, dont plusieurs sont assez considérables, renferment un peuple civilisé et commerçant, dont le souverain réside dans celle d'*Hawaii*, la plus considérable de cet archipel, qui lui doit son nom.

### Polynésie méridionale.

**261.** Iles dont elle se compose. — On distingue dans la Polynésie méridionale six archipels composés d'innombrables petites îles, et un renfermant deux grandes terres.

Les 6 premiers sont :

Les îles *Hamoa*, dont les indigènes sont d'habiles navigateurs ;

Les îles *Tonga* ou des *Amis*, habitées par un peuple actif et industrieux;

L'archipel de *Cook* avec les îles *Mangia* et *Toubouaï*;

L'archipel de *Taïti*, ou de la *Société*, dont les habitants, doux, industrieux et civilisés, ont été convertis au christianisme, et dont la reine s'est mise, en 1842, sous la protection de la France : la fertile et belle île de *Taïti* en est aussi la plus importante;

L'archipel de *Pomotou*, nommé encore archipel *Dangereux*, ou des *îles Basses*, parce que ces nombreuses îles, peu élevées au-desssus des flots, sont parsemées de récifs;

L'archipel de *Nouka-Hiva*, ou des *Marquises*, dont les habitants sont les plus beaux de la Polynésie. La France en a pris possession en 1842.

**262.** L'archipel qui renferme les 2 grandes terres de la Polynésie méridionale est :

Celui de la *Nouvelle-Zélande*, dont les 2 îles principales, nommées *Ika-na-mawi* et *Tawaï-Pounamou*, séparées entre elles par le *détroit de Cook*, sont au nombre des plus grandes terres du globe. Les Anglais y ont fondé des établissements, aujourd'hui florissants, dont les principaux sont les villes d'*Auckland* et de *Wellington* au N., et de *Nelson* et *Dunedin* au S.

On peut rattacher à cet archipel les îles suivantes, qui sont également soumises à l'Angleterre :

1° Le petit groupe des îles *Broughton*, au S. E. d'Ika-na-mawi;

2° L'île *Stuart*, au S. de Tawaï-Pounamou, dont elle est séparée par un détroit de peu de largeur;

3° Les îles *Auckland*, dont la principale est assez étendue;

10

4º Les îles *Macquarie*, dépourvues d'habitants et les plus méridionales de l'Océanie ;

Et 5º l'île *Antipode*, ainsi nommée parce qu'elle n'est pas éloignée du point qui se trouve aux antipodes de Paris.

Nous nommerons encore :

L'île de *Vaïhou*, ou de *Pâques*, et celles de *Sala* et *Gomès*, les plus orientales de toute la Polynésie.

**263. Notions diverses sur la Polynésie.** — La Polynésie est celle des 4 divisions de l'Océanie qui embrasse la plus grande étendue; mais la superficie des terres qui la composent n'atteint peut-être pas 4000 myriamètres carrés. On évalue à 1 500 000 le nombre de ses habitants. Cette population, appartenant à une variété de la race jaune, est moins basanée que celle de la Micronésie. Les habitants de toutes ces îles parlent la même langue; leurs traits ont une grande ressemblance, et ils sont tous esclaves des mêmes superstitions. Les productions de toutes leurs îles sont aussi généralement les mêmes; presque toutes produisent le cocotier, l'arbre à pain et le chou-palmiste.

Dans la Polynésie septentrionale, les îles *Hawaii* se font remarquer par la civilisation qu'y développent rapidement les nombreuses écoles ouvertes par des missionnaires chrétiens. Les vaisseaux de leurs habitants vont commercer avec l'Amérique russe, avec les établissements européens de l'Océanie, et même avec la Chine.

Parmi les îles de la Polynésie méridionale, celles d'*Hamoa*, que l'habileté de leurs habitants dans l'art de construire leurs pirogues avait fait appeler *îles des Navigateurs*, sont remarquables par les aspects enchanteurs que présentent leurs nombreux villages, situés au milieu de riants bosquets de palmiers, de cocotiers et d'orangers. — Celles de *Taïti* sont fameuses par les nombreuses descriptions que l'on a faites de leur fertilité et des mœurs douces et aimables de leurs habitants. — Le petit groupe des îles *Gambier*, au S. E. des Pomotou, a été converti à la foi catholique par des missionnaires français; celle d'*Aokena* est même le siège d'un évêché. — La *Nouvelle-Zélande*, qui se distingue par ses beautés naturelles et par la vigueur de sa végétation, renferme aussi des habitants d'un tempérament robuste, d'un caractère énergique, et qui ne paraissent pas devoir rester longtemps étrangers aux arts de l'Europe, pour lesquels ils ont une grande aptitude.

# GÉOGRAPHIE

## DE LA FRANCE.

**1.** BORNES. — La France a pour bornes :

Au N., les États de l'empire allemand, la Belgique et la mer du Nord ;

A l'O., le Pas-de-Calais, la Manche et l'Océan Atlantique ;

Au S., les Pyrénées et la Méditerranée ;

A l'E., les Alpes, le Jura et les Vosges.

**2. Étendue, population, religions, gouvernement.** — La France, le quatrième des États de l'Europe en étendue et le troisième en population, renferme 5000 myriamètres carrés et plus de 36 millions et demi d'habitants, sur lesquels 35 millions professent la religion catholique : 1 000 000 appartenant à la religion protestante se trouvent réunis surtout dans les provinces du midi. La France est une République : elle est gouvernée par une *Assemblée nationale* qui vote les lois et nomme le Président de la République.

**3. Climat, productions.** — Le climat de la France est généralement tempéré, et l'air pur et salubre. Les régions du N. O., plus humides et plus froides que le reste de la France, sont presque partout d'une grande fertilité en grains de toute espèce ; elles abondent en excellents pâturages qui nourrissent de superbes bestiaux, mais elles ne produisent pas de vin ; il y est remplacé par la bière et le cidre. Les contrées de l'E. et du S. fournissent les meilleurs vins de l'Europe, connus sous les noms de *Champagne*, de *Bourgogne* et de *Bordeaux*. Le S. E., abrité par les montagnes contre les vents froids du N. et humides de l'O. et du N. O., voit mûrir les fruits des pays chauds, tels que l'olive, l'orange, le citron, la grenade, etc. Près de 9000 rivières, dont un grand nombre sont navigables et réunies entre elles par des canaux, portent la fertilité dans toutes les parties de la France, et y facilitent le transport des productions du sol. Des chemins de fer la sillonnent dans toutes les directions. Enfin la masse compacte que forme son territoire, couvert d'une population nombreuse, intelligente et brave, la rend naturellement un des États les plus puissants de l'Europe.

**4. Notions historiques.** — La France occupe la plus grande partie de l'ancienne *Gaule*, soumise par Jules César au pouvoir des Romains, qui la possédèrent pendant 500 ans, et envahie, au cinquième siècle de l'ère chrétienne, par les peuplades belliqueuses de la Germanie connues sous le nom de *Francs*. Clovis, le plus illustre de leurs chefs, y fonda une monarchie qui devint, sous Charlemagne, le plus puissant empire de l'Europe. Morcelée sous ses successeurs par des partages multipliés, elle était devenue la proie d'une foule de petits souverains absolus. Hugues Capet, lorsqu'il monta sur le trône, en 987, possédait seulement l'*Ile-de-France*, la *Picardie* et l'*Orléanais*; les autres provinces (15) y furent successivement réunies.

La révolution de 1789 modifia profondément ses institutions politiques. — La République et Napoléon I<sup>er</sup> étendirent au loin ses frontières, qui furent bientôt ramenées à celles de l'ancien royaume, à la suite des revers de Russie et de Waterloo. — Augmentée de la Savoie et du comté de Nice sous Napoléon III, la France vient de perdre bien davantage par suite de la guerre follement déclarée à l'Allemagne par ce souverain en 1870. — Envahie par des forces immenses, elle a vu ses armées et leur chef battus et faits prisonniers, sa capitale assiégée forcée de capituler, un tiers de son territoire occupé, et fut enfin contrainte de signer le désastreux traité de Francfort, qui a livré à la Prusse l'Alsace et une partie de la Lorraine.

**5. Golfes.** — Les mers qui entourent la France forment sur ses côtes deux grands golfes, savoir :

Le golfe de *Gascogne*, dans l'Océan Atlantique ;
Le golfe de *Lyon*, ou mieux du *Lion*, dans la Méditerranée.

**6. Détroits.** — Outre la *Manche* et le *Pas-de-Calais*, qui séparent la France de l'Angleterre, on peut remarquer près de ses côtes les détroits suivants :

Le pertuis *Breton*, qui sépare l'île de Ré (46) du département de la Vendée ;
Le pertuis d'*Antioche*, qui sépare cette même île de Ré de celle d'Oléron (46);
Le pertuis de *Maumusson*, qui sépare l'île d'Oléron du département de la Charente-Inférieure.

**7. Presqu'îles.** — On remarque en France 3 presqu'îles principales, savoir :

Celle de la *Manche*, formée par la partie septentrionale du département de ce nom, et entourée par la mer de la Manche;
Celle de *Bretagne*, la plus considérable des trois, formée par l'ancienne province de ce nom, et entourée par l'Atlantique;
Celle de *Quiberon*, la moins étendue des trois, au S. de la Bretagne, dans l'Atlantique.

**8. Caps.** — Les 5 caps les plus remarquables sont :

Le cap *Gris-Nez*, dans le Pas-de-Calais;

La pointe de *Barfleur*, Le cap de la *Hogue*, } formés par la presqu'île de la Manche, l'un au N. E., l'autre au N. O., dans la mer de la Manche;

La pointe du *Raz*, La pointe de *Penmarch*, } formées par la presqu'île de Bretagne, dans l'Océan Atlantique.

**9. Fleuves et rivières.** — La France est arrosée par 4 grands fleuves qui reçoivent 37 rivières, qui sont :

La *Seine*, qui reçoit 5 rivières, savoir :

2 sur sa rive gauche :
L'*Yonne*, l'*Eure*.

3 sur sa rive droite :
L'*Aube*, la *Marne*, l'*Oise*, grossie de l'*Aisne*.

La *Loire*, qui reçoit 8 rivières, savoir :

6 sur la rive gauche :
L'*Allier*, le *Loiret*, le *Cher*, l'*Indre*; la *Vienne*, grossie de la *Creuse*; la *Sèvre Nantaise*.

2 sur la rive droite :
La *Nièvre*, la *Maine*, formée de la réunion de la *Mayenne* et de la *Sarthe*, grossie du *Loir*.

La *Gironde*, qui reçoit 5 rivières, savoir :

1 sur sa rive gauche :
Le *Gers*.

4 sur sa rive droite :
L'*Ariége*, le *Tarn*, grossi de l'*Aveyron*; le *Lot*; la *Dordogne*, grossie de la *Vezère*, augmentée elle-même de la *Corrèze*.

Le *Rhône*, qui reçoit 8 rivières, savoir :

4 sur sa rive gauche :
L'*Arve*, l'*Isère*, grossie de l'*Arc*, la *Drôme*, la *Durance*.

4 sur sa rive droite :
L'*Ain*; la *Saône*, grossie du *Doubs*; l'*Ardèche*, le *Gard*.

**10. Autres rivières.** — Outre les rivières qui se joignent aux fleuves que nous venons de nommer, on en remarque en France plusieurs autres qui se rendent directement dans les mers qui entourent ce pays, mais qui ne sont pas assez considérables pour mériter le nom de fleuves. Les 2 principales sont :

Entre la partie N. E. et la Seine, 4, savoir :

La *Meuse*, qui va confondre ses embouchures avec le Rhin ;
La *Moselle*, grossie de la *Meurthe*, qui se jette dans le Rhin, hors de France.
L'*Escaut*, qui se rend dans la mer du Nord ;
La *Somme*, qui se jette dans la Manche.

Entre la Seine et la Loire, 3, savoir :

L'*Orne*,
La *Vire*,  } qui se jettent dans la Manche ;
La *Vilaine*, qui se grossit de l'*Ille* et se rend dans l'Atlantique.

Entre la Loire et la Gironde, 2, savoir :

La *Sèvre Niortaise*, qui reçoit la *Vendée* et se rend dans l'Atlantique ;
La *Charente*, qui se jette aussi dans l'Atlantique.

Entre la Gironde et les Pyrénées, 1, savoir :

L'*Adour*, qui tombe dans le golfe de Gascogne.

Entre les Pyrénées et le Rhône, 3, savoir :

La *Têt*,
L'*Aude*,  } qui se jettent dans le golfe du Lion.
L'*Hérault*,

Entre le Rhône et les Alpes, 1, savoir :

Le *Var*, qui tombe dans la Méditerranée.

**11. Bassin.** — On appelle *bassin d'un fleuve* tous les pays arrosés par ce fleuve et ses affluents, c'est-à-dire par les rivières qui s'y rendent. Chaque affluent a son bassin particulier, composé des pays qu'il arrose, et nommé *bassin secondaire*. Les bassins des fleuves dont le cours a peu d'étendue, et qui ne comprennent que des pays situés près des côtes de la mer, s'appellent *bassins côtiers*.

**12. Montagnes.** — Outre les grandes chaînes de montagnes des *Pyrénées*, des *Alpes*, du *Jura* et des *Vosges*, qui bornent la France au S. O., au S. E. et à l'E., et qui donnent leurs noms à plusieurs de ses départements, on distingue dans l'intérieur de ce pays 3 chaînes moins considérables, qui forment les limites des bassins de plusieurs des fleuves qui l'arrosent. Ces 3 chaînes sont :

Les *Cévennes*, qui se rattachent aux Pyrénées entre les sources de l'Aude et de l'Ariége, et séparent ainsi les eaux qui se rendent dans la Gironde de celles qui s'écoulent dans le golfe du Lion et dans le Rhône.— La *Lozère*, qui donne son nom au département, est une petite chaîne qui fait partie de ces montagnes.

Les *monts d'Auvergne*, qui se rattachent aux Cévennes, et séparent les eaux de la Gironde de celles de la Loire. On y remarque le *Cantal*, le mont *Dore* et le *Puy-de-Dôme*; le premier et le dernier donnent leurs noms à deux départements.

Les chaînes de la *Côte-d'Or* et des montagnes du *Charolais*, du *Lyonnais* et du *Vivarais*, qui séparent les eaux de la Seine et de la Loire de celles du Rhône et unissent les *Cévennes* aux *Vosges*, qui renferment les sources de la Meuse et de la Moselle, dont elles séparent les eaux de celles du Rhin.

On peut ajouter à ces montagnes celles de la *Corse*, qui couvrent l'île du même nom.

Parmi les montagnes qui se trouvent sur le territoire de la France, les plus élevées sont : dans les Alpes, les monts *Blanc, Saint-Bernard, Cenis, Pelvoux, Viso, Genèvre* et *Ventoux*; dans les Pyrénées, le mont *Perdu*, le mont *Posets*, les *tours du Marboré*, le pic du *Midi* et le *Canigou* ; dans les Cévennes, le mont *Mézen* ; dans les Vosges, le *Ballon d'Alsace*; dans la Corse, le *Monte Rotondo*.

**13. Canaux et chemins de fer.** — Nous venons de voir que les bassins des fleuves sont séparés les uns des autres par des chaînes de montagnes et de collines; les canaux, au contraire, sont destinés à réunir entre eux ces bassins. Les plus remarquables de la France sont au nombre de 10, savoir :

Le canal de *Saint-Quentin*, qui unit l'Escaut à la Somme;
Le canal de *Picardie*, qui fait communiquer la Somme avec l'Oise, et par conséquent avec la Seine;
Les canaux d'*Orléans*, de *Briare* et du *Loing*, qui joignent la Seine à la Loire;
Le canal de *Bourgogne*, qui unit l'Yonne à la Saône, et par conséquent la Seine au Rhône;
Le canal de l'*Est*, qui unit la Saône, et par conséquent le Rhône avec le Rhin;
Le canal de la *Marne au Rhin*, qui unit la Seine au Rhin ;

Le canal du *Centre*, qui joint la Loire à la Saône, et par conséquent au Rhône ;

Le canal du *Languedoc* ou du *Midi*, qui unit la Garonne au
golfe du Lion, et par conséquent l'Océan Atlantique à la mer
Méditerranée.

Depuis trente ans environ des travaux immenses ont ouvert en
France des communications rapides au moyen des *chemins de fer*.
Six lignes principales partent de Paris, savoir :

1° Le chemin du *Nord*, qui joint Paris à la Belgique;

2° Le chemin de l'*Est*, qui joint Paris à l'Allemagne ;

3° Le chemin de *Lyon* et *Marseille*, qui traverse le centre et le
S. E. de la France, et la joint à l'Italie;

4° Le chemin d'*Orléans*, qui, séparé en 3 branches, en dirige
une vers les provinces centrales de la France, l'autre vers le
S. O., par Bordeaux, pour aller en Espagne, et la troisième
vers l'O., par Nantes, pour aller à Brest;

5° Le chemin de l'*Ouest*, qui se divise en deux branches, dont
l'une va à Rennes et à Brest, et dont l'autre va à Rouen et
au Havre, avec embranchement sur Caen et Cherbourg;

6° Le chemin du *Midi*, qui unit Bordeaux à Cette, à Marseille
et aux Pyrénées.

Un grand nombre d'embranchements et de lignes secondaires
réunissent ces lignes entre elles.

**14. Ports.** — Les principaux ports de France sont : Pour la
marine de guerre :

*Cherbourg*, sur la Manche ;

*Brest*, *Lorient* et *Rochefort*, sur l'Océan Atlantique ;

*Toulon*, sur la Méditerranée.

Pour la marine marchande :

*Dunkerque*, *Calais* et *Boulogne*, sur le Pas-de-Calais ;

*Dieppe*, le *Havre* et *Saint-Malo*, sur la Manche ;

*Nantes* et *Saint-Nazaire*, sur la Loire et l'Atlantique ;

*Bordeaux*, sur la Gironde ;

*Bayonne*, sur l'Adour ;

*Cette*, *Marseille* et *Nice*, sur la Méditerranée.

**15. Divisions.** — La France, divisée autrefois en
32 gouvernements, a été, en 1790, partagée en départements, dont le nombre est aujourd'hui de 86, depuis
l'annexion de la Savoie et de Nice et les pertes causées

par la guerre de 1870-71. Ils ont reçu, pour la plupart, le nom des rivières qui les arrosent : nous suivrons l'ordre où nous avons nommé ces rivières.

Les 89 départements établis avant 1870-71 formeront 12 sections, savoir :

1° Départements arrosés par le Rhin et ses affluents au nombre de.......................................... 7
2° Départements entre la frontière du N. et la Seine........ 3
3° Départements arrosés par la Seine et ses affluents........ 12
4° Départements entre la Seine et la Loire................ 7
5° Départements arrosés par la Loire et ses affluents........ 17
6° Départements entre la Loire et la Gironde.............. 4
7° Départements arrosés par la Gironde et ses affluents....... 13
8° Départements entre la Gironde et les Pyrénées .......... 3
9° Départements entre les Pyrénées et le Rhône............ 3
10° Départements arrosés par le Rhône et ses affluents....... 17
11° Départements entre le Rhône et la frontière de l'E........ 2
12° La Corse, située dans la Méditerranée.................. 1

---

## 16. TABLEAU

PRÉSENTANT LA DIVISION DE LA FRANCE EN
32 PROVINCES ET 89 DÉPARTEMENTS.

| Gouvernements. | Départements. |
|---|---|
| Flandre française .... | Nord. |
| Artois et Boulonnais... | Pas-de-Calais. |
| Picardie.............. | Somme. |
| Normandie et le Havre. | Seine-Inférieure. |
| | Eure. |
| | Calvados. |
| | Manche. |
| | Orne. |

| Gouvernements. | Départements. |
|---|---|
| Ile-de-France et Paris. | Oise.<br>Aisne.<br>Seine-et-Oise.<br>Seine.<br>Seine-et-Marne. |
| Champagne et Sedan.. | Ardennes.<br>Marne.<br>Aube.<br>Haute-Marne. |
| L'Alsace, la Lorraine et les 3 Évêchés....... | Haut-Rhin.<br>Bas-Rhin.<br>Moselle.<br>Meuse.<br>Meurthe et Moselle.<br>Vosges. |
| Bretagne ........... | Ille-et-Vilaine.<br>Côtes-du-Nord.<br>Finistère.<br>Morbihan.<br>Loire-Inférieure. |
| Poitou............. | Vendée.<br>Deux-Sèvres.<br>Vienne. · |
| Aunis et Saintonge.... | Charente-Inférieure. |
| Angoumois.......... | Charente. |
| Maine.............. | Mayenne.<br>Sarthe. |
| Anjou et Saumur. ... | Maine-et-Loire. |
| Touraine........... | Indre-et-Loire. |
| Marche............. | Creuze. |
| Limousin............ | Haute-Vienne.<br>Corrèze. |

| Gouvernements. | Départements. |
|---|---|
| Orléanais | Eure-et-Loir. Loir-et-Cher. Loiret. |
| Berri | Indre. Cher. |
| Nivernais | Nièvre. |
| Bourbonnais | Allier. |
| Auvergne | Puy-de-Dôme. Cantal. |
| Lyonnais | Loire. Rhône. |
| Bourgogne | Yonne. Côte-d'Or. Saône-et-Loire. Ain. |
| Alsace et Franche-Comté | Belfort. Haute-Saône. Doubs. Jura. |
| Dauphiné | Isère. Drôme. Hautes-Alpes. |
| Guyenne et Gascogne | Gironde. Landes. Dordogne. Lot-et-Garonne. Gers. Hautes-Pyrénées. Lot. Tarn-et-Garonne. Aveyron. |
| Béarn | Basses-Pyrénées. |

| Gouvernements. | Départements. |
|---|---|
| Languedoc... ........ | Haute-Garonne. |
| | Tarn. |
| | Aude. |
| | Hérault. |
| | Lozère. |
| | Haute-Loire. |
| | Ardèche. |
| | Gard. |
| Comté de Foix........ | Ariége. |
| Roussillon .......... | Pyrénées-Orientales. |
| Comtat-Venaissin..... | Vaucluse. |
| Provence et comté de Nice.......... | Bouches-du-Rhône. |
| | Basses-Alpes. |
| | Var. |
| | Alpes-Maritimes. |
| Savoie............... | Haute-Savoie. |
| | Savoie. |
| Corse............... | Corse. |

**17. Autres divisions.** — Outre la division naturelle de la France en bassins, et sa division administrative en 86 départements, il faut noter encore sa division ecclésiastique en 17 archevêchés et 66 évêchés ou diocèses, dont 4 aux colonies ; sa division judiciaire en 27 cours d'appel ; sa division militaire en 21 divisions ; sa division universitaire en 16 académies ; enfin, sa division forestière en 31 arrondissements forestiers.

---

## BASSINS DU RHIN, DE LA MOSELLE ET DE LA MEUSE.

**18.** Le Rhin descendu du mont Saint-Gothard, dans les Alpes de la Suisse, formait, avant 1871, pendant 180 kilomètres environ, la frontière orientale de la France, qu'il séparait du grand-duché de Bade ; il reçoit la *Moselle* qui coule encore en France, puis, tournant au N. O., il va dans les Pays-Bas, confondre ses embouchures avec celles de la *Meuse*, dont le cours est en partie français.

BASSIN DU RHIN. — Il comprend deux départements appartenant, quant à présent, en grande partie à la Prusse, savoir :

Celui du *Bas-Rhin*, chef-lieu *Strasbourg*, place forte; 3 sous-préfectures : *Weissembourg*, *Saverne* et *Schlestadt*.

Celui du *Haut-Rhin*, chef-lieu *Colmar*; 2 sous-préfectures : *Mulhouse* et *Belfort*. Cette dernière ville illustrée par sa belle défense contre les Prussiens est restée à la France et forme avec quelques territoires voisins le département actuel du Haut-Rhin.

19. BASSIN SECONDAIRE DE LA MOSELLE. — Il comprend 3 départements, savoir :

Celui de la *Moselle*, à l'O. de celui du Bas-Rhin, appartenant en ce moment en grande partie à la Prusse, ainsi que les deux arrondissements de Sarrebourg et de Château-Salins, détachés du département de la Meurthe, chef-lieu : *Metz*.

Celui de *Meurthe-et-Moselle*, au N. de celui des Vosges, traversé par la Moselle et la Meurthe qui s'y unissent, et formé des parties que la France a conservées des deux anciens départements, dont il a réuni les noms ; chef-lieu *Nancy*, belle ville, près de la Meurthe; ancienne capitale de la *Lorraine*; 3 sous-préfectures : *Briey*, *Toul* et *Lunéville*.

Celui des *Vosges*, au N. O. de celui du Haut-Rhi[n] et qui doit son nom aux montagnes où la Mosel[le] prend sa source ; chef-lieu, *Épinal*, sur cette [ri]vière ; 4 sous-préfectures : *Saint-Dié, Mirecourt, Rem*[i]remont, *Neufchâteau*.

**20.** Bassin secondaire de la Meuse. — Il com[prend] prend 2 départements, savoir :

Celui de la *Meuse*, à l'O. de ceux de la Meurthe [et] de la Moselle ; chef-lieu, *Bar-le-Duc*, sur l'Ornain, r[e]nommé pour ses vins et ses confitures ; 3 sous-préfec[tures] : *Montmédy, Verdun, Commercy*.

Celui des *Ardennes*, au N. O. de celui de la Meuse et qui doit son nom à une immense forêt qui en cou[v]vre tout le N. et qui s'étend encore dans les Pays-Bas chef-lieu, *Mézières*, ville forte sur la Meuse ; 4 sous[-] préfectures : *Sedan, Réthel, Rocroy, Vouziers*.

# DÉPARTEMENTS

### ENTRE LA FRONTIÈRE DU NORD ET LA SEINE.

**21.** Les 3 départements situés au N. de la France, entre la frontière et le bassin de la Seine, sont compris en grande partie dans les bassins côtiers de l'*Escaut* et de la *Somme*.

**22.** Bassin de l'Escaut. — Il comprend 2 départements, savoir :

Celui du *Nord*, ainsi nommé parce qu'il est le plus septentrional de la France, dont il est aussi le mieux cultivé et le plus peuplé après celui de la Seine ; chef-

lieu *Lille*, une des plus fortes places de notre frontière ; ancienne capitale de la *Flandre française;*
6 sous-préfectures : *Dunkerque, Hazebrouck, Douai,
Valenciennes, Avesnes, Cambrai.*

Celui du *Pas-de-Calais*, qui doit son nom au détroit
qui le sépare de l'Angleterre ; chef-lieu *Arras*, près de
la *Scarpe*, qui se jette dans l'Escaut ; ville forte, ancienne capitale de l'*Artois ;* 5 sous-préfectures : *Boulogne*, port sur le Pas-de-Calais, est la ville la plus
importante de ce département, *Montreuil*, *Saint-Pol*,
*Béthune*, *Saint-Omer.*

23. BASSIN DE LA SOMME. — Il comprend :

Le département de la *Somme*, qui tire son nom de
la rivière qui l'arrose ; chef-lieu *Amiens*, sur la Somme ;
ville manufacturière et commerçante, ancienne capitale de la *Picardie ;* 4 sous-préfectures : *Abbeville,
Doullens, Péronne, Montdidier.*

## BASSIN DE LA SEINE.

24. La Seine prend sa source près de *Saint-Seine*, au
pied des collines de la Côte d'Or, dans le département
de ce nom, en grande partie compris dans le bassin
du Rhône (62) ; puis elle coule au N. O. jusqu'à la
Manche. Son bassin se compose du *bassin de la Seine
proprement dit*, et de 4 *bassins secondaires*, savoir :
ceux de la *Marne* et de l'*Oise* sur la rive droite, ceux
de l'*Yonne* et de l'*Eure* sur la rive gauche.

25. BASSIN DE LA SEINE PROPREMENT DIT. — Il comprend 6 départements, savoir :

Celui de l'*Aube*, qui doit son nom à la rivière qui s'y
réunit à la Seine ; chef-lieu *Troyes*, sur la Seine ; an-

ciènne capitale de la *Champagne;* 4 sous-préfectures : *Arcis-sur-Aube, Bar-sur-Aube, Nogent-sur-Seine, Bar-sur-Seine.*

Celui de *Seine-et-Marne,* arrosé par ces deux rivières ; chef-lieu *Melun,* sur la Seine ; 4 sous-préfectures : *Meaux, Fontainebleau, Coulommiers, Provins.*

Celui de *Seine-et-Oise,* dans lequel l'Oise s'unit à la Seine ; chef-lieu, *Versailles,* où l'on admire le magnifique château bâti par Louis XIV, et qui renferme maintenant un musée historique consacré à toutes les gloires de la France, et où siége actuellement l'Assemblée nationale qui gouverne la France; 5 sous-préfectures : *Mantes, Pontoise, Rambouillet, Corbeil, Étampes.*

**26.** Celui de la *Seine,* enclavé dans celui de Seine-et-Oise, le plus petit et cependant le plus peuplé de la France ; chef-lieu *Paris,* capitale, une des plus belles villes du monde, et la seconde de l'Europe en population, en beauté et en richesses, avant les catastrophes causées par le siége de 1870-71 et l'incendie de ses principaux monuments en mai 1871 à la suite d'une insurrection ; 2 sous-préfectures : *Saint-Denis, Sceaux.*

Celui de l'*Eure,* où l'Eure s'unit à la Seine ; chef-lieu, *Évreux* ; 4 sous-préfectures : *les Andelys, Pont-Audemer, Louviers, Bernay.*

Celui de la *Seine-Inférieure,* à l'O. duquel la Seine se jette dans la Manche par une large embouchure ; chef-lieu, *Rouen,* sur la Seine, une des villes les plus commerçantes de la France; ancienne capitale de la *Normandie;* 4 sous-préfectures : *le Havre, Dieppe,* ports très-commerçants sur la Manche, *Neufchâtel, Yvetot.*

**27.** BASSIN SECONDAIRE DE LA MARNE. — Il comprend 2 départements, savoir:

Celui de la *Haute-Marne,* où la Marne prend sa

B.LANCELOT

Paris.

11

source; entre ceux des Vosges à l'E. et de l'Aube à l'O.; chef-lieu, *Chaumont,* sur la Marne ; 2 sous-préfectures : *Langres,* évêché, *Vassy.*

Celui de la *Marne,* au N. O. de celui de la Haute-Marne; chef-lieu, *Châlons-sur-Marne* ; 4 sous-préfectures : *Reims,* où se faisait le sacre des rois de France, archevêché, *Ste-Menehould, Vitry-le-Français, Épernay.*

**28.** BASSIN SECONDAIRE DE L'OISE. — Il comprend 2 départements, savoir :

Celui de l'*Aisne,* arrosé par l'Oise et l'Aisne, qui vont se réunir dans celui de l'Oise; chef-lieu, *Laon,* sur une montagne ; 4 sous-préfectures : *St-Quentin, Soissons, Vervins, Château-Thierry.*

Celui de l'*Oise,* à l'O. de celui de l'Aisne, chef-lieu, *Beauvais,* illustré par le courage de ses femmes, qui, en 1472, sous la conduite de Jeanne Hachette, défendirent cette ville contre la puissante armée de Charles le Téméraire, duc de Bourgogne; 3 sous-préfectures : *Compiègne, Senlis, Clermont.*

**29.** BASSIN SECONDAIRE DE L'YONNE. — Il comprend le département de l'*Yonne,* arrosé par cette rivière, qui va joindre la Seine à *Montereau* (Seine-et-Marne); chef-lieu, *Auxerre,* sur l'Yonne ; 4 sous-préfectures : *Sens, Avallon, Joigny, Tonnerre,* célèbres par leurs vins.

**30.** BASSIN SECONDAIRE DE L'EURE. — Il comprend, au moins en partie :

Le département d'*Eure-et-Loir,* dont le S. est arrosé par le *Loir,* affluent de la Loire; chef-lieu, *Chartres,* sur l'Eure, remarquable par sa cathédrale, dont on admire les hauts clochers, et dans laquelle fut sacré Henri IV ; 3 sous-préfect, : *Dreux, Châteaudun,* célèbre par sa défense contre les Prussiens, *Nogent-le-Rotrou.*

# DÉPARTEMENTS

### ENTRE LA SEINE ET LA LOIRE.

**31.** Les 7 départements situés entre l'embouchure de la Seine et celle de la Loire occupent un grand nombre de petits bassins côtiers, parmi lesquels on distingue ceux de l'*Orne*, de la *Vire*, de la *Vilaine*, et plusieurs autres, renfermés en grande partie dans la *presqu'île de l'ancienne Bretagne.*

**32.** BASSIN DE L'ORNE. — Il comprend 2 départements, savoir :

Celui de l'*Orne*, où cette rivière prend sa source, mais dont le S. appartient au bassin de la Loire ; chef-lieu, *Alençon,* sur la Sarthe (43), connu par ses dentelles ; 3 sous-préfectures : *Mortagne, Argentan, Domfront.*

Celui du *Calvados,* ainsi nommé d'une chaîne de rochers qui borde la côte ; chef-lieu, *Caen,* sur l'Orne ; 5 sous-préfectures : *Pont-l'Évêque, Lisieux, Bayeux, Falaise, Vire.*

**33.** BASSIN DE LA VIRE. — Il comprend :

Le département de la *Manche,* qui doit son nom à la mer qui l'entoure en partie ; chef-lieu, *Saint-Lô,* sur la Vire ; 5 sous-préfectures : *Cherbourg,* beau port de guerre à l'extrémité N. de ce département, *Valognes, Coutances, Avranches, Mortain.*

**34.** BASSIN DE LA VILAINE. — Il comprend :

Le département d'*Ille-et-Vilaine,* qui s'étend à l'entrée de la presqu'île de Bretagne ; chef-lieu, *Rennes,* au confluent de l'Ille et de la Vilaine ; ancienne capitale de la *Bretagne;* 5 sous-préfectures : *Vitré, Fougères, Redon, Montfort, Saint-Malo.*

**35.** P<small>RESQU</small>'<small>ÎLE DE</small> B<small>RETAGNE</small>. — Elle comprend 3 départements, savoir :

Celui des *Côtes-du-Nord*, ainsi nommé parce qu'il s'étend le long des côtes du nord de cette presqu'île ; chef-lieu, *Saint-Brieuc*, près de la mer ; 4 sous-préfectures : *Dinan, Guingamp, Lannion, Loudéac*.

Celui du *Finistère*, qui tire son nom de sa position à l'extrémité occidentale de la France ; chef-lieu, *Quimper*, vers le S. ; 4 sous-préfectures : *Brest*, beau port sur l'Océan, et le premier arsenal de la marine de guerre, *Châteaulin, Quimperlé, Morlaix*. A ce département appartient l'île d'*Ouessant*.

Celui du *Morbihan*, ainsi appelé d'un golfe situé sur sa côte méridionale, et dont le nom signifie *petite mer*, dans le langage du pays ; chef-lieu, *Vannes*, près du Morbihan ; 3 sous-préfectures : *Lorient, Pontivy, Ploermel* ; *Belle-Ile* fait partie de ce département.

## BASSIN DE LA LOIRE.

**36.** La Loire sort du Gerbier-des-Joncs, une des montagnes des Cévennes, dans le département de l'Ardèche (60); elle coule d'abord vers le N., puis vers l'O. jusqu'à l'Océan Atlantique. Son bassin se compose du *bassin de la Loire proprement dit* et de 5 bassins secondaires, savoir : ceux de l'*Allier*, du *Cher*, de l'*Indre*, de la *Vienne*, sur la rive gauche, et celui de la *Maine*, sur sa rive droite.

**37.** B<small>ASSIN DE LA</small> L<small>OIRE PROPREMENT DIT</small>. — Il se compose de 8 départements :

Celui de la *Haute-Loire*, entre les Cévennes et les monts d'Auvergne ; chef-lieu, *le Puy*, environné de roches volcaniques ; 2 sous-préfect. : *Brioude, Yssingeaux*.

Celui de la *Loire*, au N. de celui de la Haute-Loire ;

chef-lieu, *Saint-Étienne*, ville très-industrieuse, entourée d'inépuisables mines de charbon de terre ; 2 sous-préfectures : *Montbrison, Roanne*.

Celui de la *Nièvre;* chef-lieu, *Nevers*, sur la Loire ; ancienne capitale du *Nivernais* ; 3 sous-préfectures : *Cosne, Château-Chinon, Clamecy.*

Celui du *Loiret;* chef-lieu, *Orléans*, défendu par Jeanne d'Arc contre les Anglais ; ancienne capitale de l'*Orléanais;* 3 sous-préfectures : *Gien, Montargis, Pithiviers.*

**38.** Celui de *Loir-et-Cher*, au S. O. de celui du Loiret; chef-lieu, *Blois*, avec un ancien château et un beau pont sur la Loire ; 2 sous-préfectures : *Vendôme, Romorantin.*

Celui d'*Indre-et-Loire*, au S. O. de celui de Loir-et-Cher ; chef-lieu, *Tours*, entre la Loire et le Cher ; ancienne capitale de la *Touraine*, surnommé le *Jardin de la France* ; 2 sous-préfectures : *Loches, Chinon.*

Celui de *Maine-et-Loire*, à l'O. de celui d'Indre-et-Loire ; chef-lieu, *Angers*, au confluent de la Mayenne et de la Sarthe, dont la réunion forme la *Maine;* ancienne capitale de l'*Anjou* ; 4 sous-préfectures: *Saumur, Beaugé, Segré, Cholet.*

Celui de la *Loire-Inférieure*, à l'O. de celui de Maine-et-Loire ; chef-lieu, *Nantes*, port sur la Loire, une des grandes et belles villes de France ; 4 sous-préfectures : *Châteaubriant, Ancenis, St-Nazaire, Paimbœuf.*

**39.** Bassin secondaire de l'Allier. — Il comprend 2 départements, savoir :

Celui du *Puy-de-Dôme*, couvert au S. par les monts d'Auvergne ; chef-lieu, *Clermont*, près du *Puy-de-Dôme* ; ancienne capitale de l'*Auvergne* ; 4 sous-préfectures : *Riom, Ambert, Thiers, Issoire.*

Celui de l'*Allier*, au N. de celui du Puy-de-Dôme; chef-lieu, *Moulins*, sur l'Allier, renommé pour sa coutellerie; ancienne capitale du *Bourbonnais*; 3 sous-préfectures : *Gannat, La Palisse, Montluçon.*

**40. BASSIN SECONDAIRE DU CHER. —** Il comprend le département du *Cher*, à l'O. de celui de la Nièvre; chef-lieu, *Bourges*, ancienne capitale du *Berri*; 2 sous-préfectures : *Saint-Amand, Sancerre.*

**41. BASSIN SECONDAIRE DE L'INDRE. —** Il comprend le département de l'*Indre*, à l'O. de celui du Cher; chef-lieu, *Châteauroux*, sur l'Indre; 3 sous-préfectures : *Issoudun, La Châtre, Le Blanc.*

**42. BASSIN SECONDAIRE DE LA VIENNE. —** Il comprend 3 départements, savoir :

Celui de la *Haute-Vienne*, traversé par la Vienne de l'E. à l'O.; chef-lieu, *Limoges*, sur la Vienne, ancienne capitale du *Limousin;* 3 sous-préfectures : *Bellac, Rochechouart, Saint-Yrieix.*

Celui de la *Vienne*, au N.O. de celui de la Haute-Vienne; chef-lieu, *Poitiers*, ancienne capitale du *Poitou*; 4 sous-préf.: *Chatellerault, Loudun, Civray, Montmorillon.*

Celui de la *Creuse*, traversé par la Creuse, affluent de la Vienne; chef-lieu, *Guéret*, ancienne capitale de la *Marche;* 3 sous-préf. : *Aubusson, Bourganeuf, Boussac.*

**43. BASSIN SECONDAIRE DE LA MAINE. —** Il comprend 2 départements, savoir :

Celui de la *Mayenne*, à l'E. de celui d'Ille-et-Vilaine; chef-lieu, *Laval*, sur la Mayenne, renommé pour ses toiles; 2 sous-préfectures : *Mayenne, Château-Gonthier.*

Celui de la *Sarthe*, à l'E. de celui de la Mayenne; chef-lieu, *Le Mans* ; 3 sous-préfectures : *La Flèche, Mamers, Saint-Calais.*

# DÉPARTEMENTS

## ENTRE LA LOIRE ET LA GIRONDE.

**44.** Les 4 départements situés entre la Loire et la Gironde sont compris en grande partie dans les bassins côtiers de la *Sèvre Niortaise* et de la *Charente*.

**45.** BASSIN DE LA SÈVRE NIORTAISE. — Il comprend deux départements, savoir :

Celui des *Deux-Sèvres*; chef-lieu, *Niort*, sur la *Sèvre Niortaise*; 3 sous-préfect. : *Bressuire, Melle, Parthenay*.

Celui de la *Vendée*, traversé à l'E. par la Vendée, qui se joint au S. à la Sèvre Niortaise; chef-lieu, *La Roche-sur-Yon*, au centre d'un pays célèbre par les guerres dont il a été le théâtre ; 2 sous-préfectures : *les Sables d'Olonne, Parthenay*.

Les îles *Noirmoutier* et *Dieu* lui appartiennent.

**46.** BASSIN DE LA CHARENTE. — Il contient 2 départements, savoir :

Celui de la *Charente*, au S. E. de celui des Deux-Sèvres ; chef-lieu, *Angoulême*, ancienne capitale de l'*Angoumois*; 3 sous-préfect.: *Barbezieux, Confolens, Ruffec*.

Celui de la *Charente-Inférieure*, à l'O. de celui de la Charente; chef-lieu, *La Rochelle*, bon port, au fond d'un petit golfe de l'Océan Atlantique ; ancienne capitale de l'*Aunis*; 5 sous-préfectures : *Rochefort*, port de mer sur la Charente, *Marennes, Saintes, Jonzac, St-Jean d'Angély*. — Les îles de *Ré* et d'*Oléron* en font partie.

## BASSIN DE LA GIRONDE.

**47.** La Gironde, qui donne son nom au département au N. O. duquel elle a son embouchure dans l'Atlantique, se forme, dans ce départ., de la réunion de la *Dordogne*, qui descend du mont Dore (11), auquel elle doit son nom, et qui coule vers l'O., et de la *Garonne*, qui sort des Pyrénées et coule vers le N. O. Son bassin se compose des bassins de la *Dordogne* et de la *Garonne*, et des 4 bassins secondaires de l'*Ariége*, du *Tarn*, du *Lot*, sur la rive droite, et du *Gers*, sur la rive gauche.

48. BASSIN DE LA DORDOGNE. — Il comprend 3 départements, savoir :

Celui du *Cantal*, couvert par les monts d'Auvergne; chef-lieu, *Aurillac*; 3 sous-préfectures : *Saint-Flour, Murat, Maurice.*

Celui de la *Corrèze*, traversé par la Dordogne et la Corrèze, affluent de la Vezère, rivière qui se joint à la Dordogne dans le département de la Dordogne; chef-lieu, *Tulle*, sur la Corrèze ; 2 sous-préfectures : *Ussel, Brives-la-Gaillarde.*

Celui de la *Dordogne*, au S. O. de celui de la Corrèze; chef-lieu, *Périgueux*, renommé pour ses pâtés; 4 sous-préfectures : *Bergerac, Nontron, Ribérac, Sarlat.*

49. BASSIN DE LA GARONNE. — Il se compose de 4 départements, savoir :

Celui de la *Haute-Garonne*, qui s'étend depuis le pied des Pyrénées jusqu'à une distance assez grande au N. E.; chef-lieu, *Toulouse*, à la jonction du canal du Languedoc avec la Garonne; ancienne capitale du *Languedoc*, et l'une des grandes villes de la France.

Celui de *Tarn-et-Garonne*, dans lequel le Tarn (51) se joint à la Garonne; chef-lieu, *Montauban*, sur le Tarn; 2 sous-préfectures : *Moissac, Castel-Sarrazin.*

Celui de *Lot-et-Garonne*, où le Lot (52) joint la Garonne; chef-lieu, *Agen*, sur la rive droite de la Garonne, ville très-commerçante; 3 sous-préfectures : *Marmande, Nérac, Villeneuve-sur-Lot.*

Celui de la *Gironde*, au N. O. de celui de Lot-et-

Garonne; chef-lieu, *Bordeaux*, sur la rive gauche de la Garonne, que l'on passe sur un fort beau pont de près d'un demi-kilomètre de longueur. Cette ville, ancienne capitale de la *Gascogne*, est la quatrième de la France par sa population; son port fait un immense commerce, surtout avec l'Amérique; 5 sous-préfectures : *Blaye, Bazas, Libourne, La Réole, Lesparre.*

50. BASSIN SECONDAIRE DE L'ARIÉGE. — Il comprend le département de l'*Ariége*, traversé par l'Ariége, qui roule des paillettes d'or et qui joint la Garonne dans celui de la Haute-Garonne : chef-lieu, *Foix*, sur l'Ariége, ancienne capitale du *comté de Foix* : 2 sous-préfectures : *Pamiers, Saint-Girons.*

51. BASSIN SECONDAIRE DU TARN. — Il comprend 3 départements, savoir :

Celui de la *Lozère*, qui doit son nom à une petite chaîne de montagnes où se trouvent les sources du Tarn et du Lot; chef-lieu, *Mende*, sur le Lot; 2 sous-préfectures : *Florac, Marvéjols.*

Celui de l'*Aveyron*, traversé par le Tarn et par l'Aveyron, qui se joint au Tarn dans celui de Tarn-et-Garonne; chef-lieu, *Rodez*, près de l'Aveyron; 4 sous-préfect. : *Espalion, Millau, Villefranche, Saint-Affrique.*

Celui du *Tarn*, au S. O. de celui de l'Aveyron; chef-lieu, *Alby*, sur le Tarn; 3 sous-préfectures : *Castres, Gaillac, Lavaur.*

52. BASSIN SECONDAIRE DU LOT. — Il comprend le département du *Lot*, à l'E. de celui de Lot-et-Garonne, où le Lot se joint à la Garonne; chef-lieu, *Cahors*, sur le Lot; 2 sous-préfectures : *Figeac, Gourdon.*

53. BASSIN SECONDAIRE DU GERS. — Il comprend le département du *Gers* ; chef-lieu, *Auch*, sur le Gers; 4 sous-préfectures : *Lectoure, Lombez, Mirande, Condom.*

## DÉPARTEMENTS

### ENTRE LA GIRONDE ET LES PYRÉNÉES.

**54.** Les 3 départements situés entre la Gironde et les Pyrénées appartiennent en grande partie au bassin de l'*Adour*. Ces départements sont :

Celui des *Hautes-Pyrénées*, au pied des Pyrénées, à l'O. de celui de la Haute-Garonne; chef-lieu, *Tarbes*, sur l'Adour; 2 sous-préf.: *Argelès, Bagnères de Bigorre*.

Celui des *Basses-Pyrénées*, au pied des Pyrénées, à l'O. de celui des Hautes-Pyrénées ; chef-lieu, *Pau*, sur le *Gave*[1] ou rivière de Pau, qui se jette dans l'Adour; ancienne capitale du *Béarn* ; 4 sous-préfectures: *Bayonne*, la ville la plus considérable du département, port sur l'Adour, à 4 kilomètres de son embouchure dans l'Océan ; elle fait un grand commerce avec l'Espagne ; *Mauléon, Oloron, Orthez*.

Celui des *Landes*, au N. de celui des Basses-Pyrénées, et couvert au N. O. par des terres sablonneuses et stériles nommées *landes*; chef-lieu, *Mont-de-Marsan*; 2 sous-préfectures: *Dax, Saint-Sever*.

## DÉPARTEMENTS

### ENTRE LES PYRÉNÉES ET LE RHÔNE.

**55.** Les 3 départements situés entre les Pyrénées et le Rhône, autour du golfe du Lion, occupent plusieurs bassins côtiers, dont les 3 principaux sont ceux de la *Tét*, de l'*Aude* et de l'*Hérault*, comprenant chacun un département.

**56.** BASSIN DE LA TÊT. — Il comprend :

Le département des *Pyrénées-Orientales*, au pied des Pyrénées, à l'E. de celui de l'Ariége; chef-lieu, *Perpi-*

---

1. *Gave* est le nom que les Basques et les Béarnais donnent aux courants d'eau.

*gnan*, sur la Têt; ancienne capitale du *Roussillon;* 2 sous-préfectures : *Coret, Prades.*

**57.** BASSIN DE L'AUDE. — Il comprend :

Le département de l'*Aude*, au N. de celui des Pyrénées-Orientales ; chef-lieu, *Carcassonne*, entre l'Aude et une branche du canal du Languedoc ; 3 sous-préfectures : *Limoux, Castelnaudary, Narbonne.*

**58.** BASSIN DE L'HÉRAULT. — Il comprend :

Le département de l'*Hérault*, au N. E. de celui de l'Aude ; chef-lieu, *Montpellier*, sur une colline à 9 kilomètres de la mer : célèbre école de médecine ; 3 sous-préfectures : *Béziers, Lodève, Saint-Pons.*

## BASSIN DU RHONE.

**59.** Le Rhône sort du mont *Furca*, dans les Alpes de la Suisse, et coule au S. O. jusqu'à Lyon, où, s'unissant à la *Saóne*, il court au S. se jeter dans le golfe du Lion. Son bassin se compose du bassin du Rhône proprement dit, et des trois bassins secondaires : de la *Saóne* sur la rive droite, de l'*Isère* et de la *Durance* sur la rive gauche.

**60.** BASSIN DU RHÔNE PROPREMENT DIT. — Il comprend 8 départements, savoir :

4 sur la rive droite, qui sont :

Celui de l'*Ain*, séparé à l'E. de la Savoie par le Rhône ; chef-lieu, *Bourg;* 4 sous-préfectures : *Belley, Nantua, Gex, Trévoux.*

Celui du *Rhône*, dont une très-petite partie se trouve sur la rive gauche du fleuve, vis-à-vis de *Lyon*, son chef-lieu et la seconde ville de France par sa population et son commerce, ancienne capitale du *Lyonnais;* 1 sous-préfecture : *Villefranche.*

Celui de l'*Ardèche,* au S. de celui du Rhône; chef-lieu, *Privas;* 2 sous-préfect.: *Tournon, Largentière.*

Celui du *Gard,* au S. de celui de l'Ardèche; chef-lieu *Nîmes,* grande ville qui conserve les plus beaux monuments romains qui soient en France; 3 sous-préfectures: *Alais, Uzès, Le Vigan.*

**61.** 4 sur la rive gauche, qui sont :

Celui de la *Haute-Savoie,* arrosé par la rivière l'*Arve;* chef-lieu, *Annecy,* sur le lac de son nom; 3 sous-préfectures : *Thonon, Bonneville, Saint-Julien.*

Celui de la *Drôme,* à l'E. de celui de l'Ardèche; chef-lieu, *Valence,* qui se prétend aussi ancienne que Rome; 3 sous-préfectures : *Die, Montélimart, Nyons.*

Celui de *Vaucluse,* au S. de celui de la Drôme, et qui doit son nom à une belle fontaine immortalisée par les vers du poëte Pétrarque; chef-lieu, *Avignon,* sur le Rhône; elle fut, pendant 66 ans, la résidence des papes, qui possédaient en France cette ville et le *Comtat Venaissin;* 3 sous-préfectures : *Carpentras,* ancienne capitale du Comtat, *Orange, Apt.*

Celui des *Bouches-du-Rhône,* à l'O. duquel se trouvent les principales embouchures du Rhône, dans le golfe du Lion ; chef-lieu, *Marseille,* le port le plus commerçant de la France, sur la Méditerranée, et la troisième ville de cet État par sa population ; 2 sous-préfectures : *Aix,* archevêché plus au N., était la capitale du gouvernement de *Provence, Arles.*

**62.** Bassin secondaire de la Saône. — Il comprend 5 départements, savoir :

Celui de la *Haute-Saône,* au S. de celui des Vosges, où la Saône a sa source; chef-lieu, *Vesoul;* 2 sous-préfectures : *Lure* et *Gray.*

Celui de la *Côte-d'Or,* dont la partie occidentale appartient au bassin de la Seine, et qui doit son nom à la chaîne de collines qui produit les meilleurs vins de la France; chef-lieu, *Dijon*, ancienne capitale de la *Bourgogne*, patrie de Bossuet; 3 sous-préfectures : *Beaune, Châtillon-sur-Seine, Semur.*

Celui de *Saône-et-Loire*, au S. de celui de la Côte-d'Or; chef-lieu, *Mâcon*, sur la Saône, renommé pour ses vins; 4 sous-préf. : *Autun, Chalon-sur-Saône, Louhans, Charolles.*

Celui du *Doubs*, au S. du précédent, traversé par le Doubs, qui sépare la France de la Suisse pendant une partie de son cours; chef-lieu, *Besançon*, sur le Doubs, avec une citadelle sur un roc inaccessible; ancienne capitale de la *Franche-Comté*; 3 sous-préfectures : *Baume-les-Dames, Pontarlier, Montbéliard.*

Celui du *Jura*, au S. O. de celui du Doubs, séparé, au S. E., de la Suisse par le Jura; chef-lieu, *Lons-le-Saunier*; 3 sous-préfect. : *Dôle, Poligny, Saint-Claude.*

**63.** Bassin secondaire de l'Isère. — Il comprend 2 départements, savoir :

Celui de la *Savoie*, à l'E., chef-lieu, *Chambéry*, ancienne capitale de la *Savoie*; 3 sous-préfectures : *Albertville, Moutiers-en-Garouvaire, St-Jean-de-Maurienne.*

Celui de l'*Isère*, à l'O. du précédent; chef-lieu, *Grenoble*, sur l'Isère, ancienne capitale du *Dauphiné*. Le célèbre Bayard, surnommé le *Chevalier sans peur et sans reproche*, est né dans ses environs; 3 sous-préfectures : *Vienne, Saint-Marcellin, La Tour-du-Pin.*

**64.** Bassin secondaire de la Durance. — Il comprend 2 départements, savoir :

Celui des *Hautes-Alpes*, sur la frontière septentrionale duquel la Durance prend sa source; chef-lieu,

*Gap,* au pied de montagnes couvertes de neiges éternelles; 2 sous-préfectures : *Briançon, Embrun.*

Celui des *Basses-Alpes,* au S. de celui des Hautes-Alpes; chef-lieu, *Digne;* 4 sous-préfectures : *Sisteron, Forcalquier, Castellane, Barcelonnette.*

## DÉPARTEMENTS

### ENTRE LE RHÔNE ET LA FRONTIÈRE DE L'EST.

**65.** Les départements situés entre le Rhône et la frontière de l'E. sont au nombre de 2, savoir :

Celui du *Var;* il portait le nom d'un torrent qui séparait la France du comté de Nice, et conserve ce nom bien que la partie où coule le torrent ne fasse plus partie du département ; chef-lieu, *Draguignan;* 2 sous-préfectures : *Toulon,* la ville la plus importante, port sur la Méditerranée, arsenal et chantier de construction de la marine de guerre, *Fréjus.*

Celui des *Alpes-Maritimes,* à l'E. du précédent, chef-lieu, *Nice,* port sur la Méditerranée, ancienne capitale du *comté de Nice;* 2 sous-préf.: *Grasse, Puget-Théniers.*

## ILE DE CORSE.

**66.** La *Corse,* située dans la Méditerranée, au S. E., et à 300 kilomètres des côtes de la France, forme un département auquel elle donne son nom; chef-lieu *Ajaccio,* port à l'O., patrie de Napoléon Ier; *Bastia,* autre port vers le N. E., est l'ancienne capitale de l'île; 4 sous-préfectures : *Bastia, Corte, Calvi, Sartène.*

FIN

# TABLE ALPHABÉTIQUE

CONTENANT

LES NOMS DES PEUPLES, CONTRÉES, ROYAUMES, PROVIN-
CES, ILES, CAPS, MONTAGNES, MERS, GOLFES, BAIES,
LACS, COURS D'EAU, VILLES ET AUTRES LIEUX DÉCRITS
DANS CET OUVRAGE, AINSI QUE LES TERMES GÉOGRA-
PHIQUES DONT ON Y DONNE LA SIGNIFICATION.

NOTA. Les noms des contrées, royaumes, provinces, départements, sont en PETITES CAPITALES ; les termes géographiques sont
en *italiques*. — Les abréviations sont les suivantes : arch., archipel ;
ch. f., chemin de fer ; dép., département ; dét., détroit ; fl., fleuve ;
g. ou gol., golfe ; gr., groupe d'îles ; i., is., îles ; mt., mont., montagnes ; p., peuple ; r., rivière.

---

# TABLE DES PRINCIPALES DIVISIONS DE CE VOLUME.

Typographie Lahuré, rue de Fleurus, 9, à Paris.

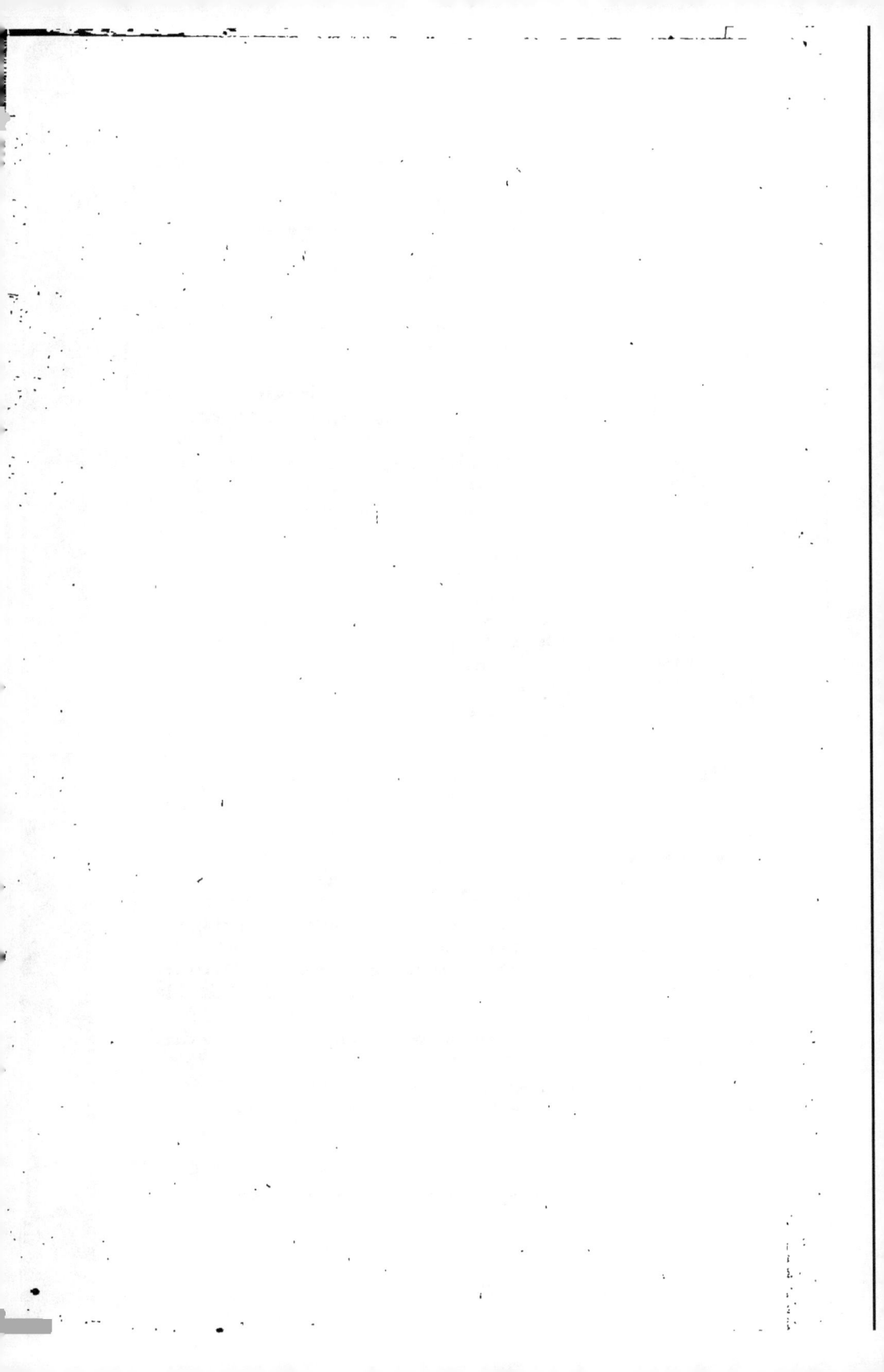

## EXTRAIT DU CATALOGUE
### DE LA LIBRAIRIE HACHETTE ET Cⁱᵉ.

## ARITHMÉTIQUE ET TENUE DES LIVRES.

**Arithmétique nouvelle des écoles primaires,** par A. Ruck, Inspecteur d'académie. In-18.     60 c.

**Arithmétique raisonnée (petite),** par M. Vernier. 1 vol. in-18. Prix, cartonné.     50 c.

**Nouvelle arithmétique des écoles primaires,** divisée en deux parties : 1° *Théorie et pratique du calcul;* 2° *Applications;* et contenant environ 1200 Exercices et Problèmes, par M. Ritt, inspecteur général de l'Instruction primaire. 1 vol. in-12, cartonné.     1 fr. 50 c.

**Premières notions d'arithmétique et de calcul mental,** par M. Ritt. 1 vol. in-18. Prix, cart.     75 c.

**Nouvelle arithmétique théorique et pratique,** à l'usage des commençants, par M. Tarnier. 1 vol. in-12, avec des figures dans le texte, cart.     2 fr.

**Arithmétique décimale des écoles primaires,** fondée sur le système légal des poids et mesures, par le même auteur. 1 vol. in-18, cart.     75 c.

**Problèmes d'arithmétique et exercices de calcul du premier degré,** servant de complément à tous les traités d'arithmétique, par M. Saigey. 1 vol. in-18, comprenant plus de 1300 problèmes. Prix, br.     75 c.

**Principes de tenue de livres très-simplifiée,** par M. Cadrès-Marmet. 1 volume in-18. Broché.     60 c.

### POIDS ET MESURES.

**Poids et mesures du système métrique (les),** par M. Saigey. Grand in-18. Prix, broché.     15 c.

**Pratique des poids et mesures du système métrique (la),** ou Exercices sur toutes les opérations de pesage et de mesurage, par le même. 1 vol. in-18. Broché. 1 fr.

**Tableau des poids et mesures du système métrique,** par le même, 22 figures enluminées, 3 feuilles double raisin. Prix.     1 fr. 50 c.

**Système légal des poids et mesures,** par M. Lamotte. 1 vol. in-18. Prix, broché.     30 c.

**Le Système métrique,** suivi de la mesure des surfaces et des volumes, avec figures dans le texte. 1 vol. in-18, cart.     75 c.

Typographie Lahure, rue de Fleurus, 9, à Paris.

www.ingramcontent.com/pod-product-compliance
Lightning Source LLC
Chambersburg PA
CBHW072034090426
42733CB00032B/1510